汪中求

管理学家,中国精细化管理首倡者。2005年进入福布斯中国文化名人排行榜。2004年以来,在全国巡回讲座上千场,学员总数超过50万人;主持了上百个精细化管理咨询项目。

1984年—1989年,江西云山企业集团子弟中学教师。
1990年—1991年,江西云山企业集团总裁秘书。
1992年—1994年,香港恒雅(深圳)公司市场部经理。
1995年—2000年,清华同方股份有限公司商务部副经理;泰豪科技股份有限公司市场总监、策划部经理。
2006年—至今,北京中求细节管理咨询有限公司首席咨询师;南昌陆军学院客座教授;《中国经营报》专家顾问团高级顾问;国资委商务职业资格认证委员会主任委员。
2008年—2009年,北京大学民营经济研究院精细化管理研究中心主任。
2014年—至今,中国精细化管理研究所所长,北京航天飞行控制中心客座教授。
2017年—至今,《企业管理》杂志、《企业家》杂志特聘专家、专栏作者。
2019年—至今,《人力资源》杂志策划顾问,茅台研究院特聘专家。
2020年—至今,深圳腾讯高级顾问。
2020年9月,以《精细化管理在南钢股份人力资源系统的实践和应用》获中国管理科学学会专项奖。

代表著作

《细节决定成败》《细节决定成败Ⅱ》《细节决定成败(白金版)》《精细化管理》《企业可以做成一首诗》《营销人的自我营销》《1750-1950的中国》《契约精神》《谁能超越丰田》《浪费的都是利润》《零缺陷工作》《中国需要工业精神》《茅台是怎样酿成的》

中国企业精细化管理首创者、企业向军队学管理首创者，管理畅销书《精细化管理》作者。

北京博士德管理顾问有限公司高级培训师，北京大学EMBA特聘教授，日本日中管理学院研究员，北京大学原精细化管理研究中心研究员。

著有《精细化管理》《精细化管理持续改善》《向军队学管理》《医院精细化管理》《核心价值观》等多部管理著作。

吴宏彪

大学课程

北京大学、清华大学、空军工程大学、浙江大学、南京大学、中国人民大学、上海交通大学、厦门大学等EMBA、MBA、总裁班。

培训企业

中国建设银行、中国银行、中国工商银行、中国农业银行、原卫生部、中国电力联合会、南京市委、山西晋城监狱、国家电网公司华北公司、中国电力投资公司、大庆油田、辽河油田、中国神华、中国移动、中国联通、湖北烟草、贵州茅台、上海电气、福建恒安等500多家大型企业和机构。

刘兴旺

湖南株洲人，曾获得广东顺德第一位"全国市场营销职业经理"称号，与细节管理专家汪中求先生携手，共同研究精细化管理问题，讲授细节管理与执行力、精细化营销管理的17条建议、营销创新和营销工具、精细化管理等课程。

现任湖南商学院特聘讲师、北京博士德管理顾问有限公司高级管理顾问。

精细化管理

汪中求
吴宏彪　著
刘兴旺

新华出版社

图书在版编目（CIP）数据

精细化管理 / 汪中求，吴宏彪，刘兴旺著. -- 北京：新华出版社，2005.5（2024.5重印）

ISBN 978-7-5011-7072-2

Ⅰ.①精… Ⅱ.①汪… ②吴… ③刘… Ⅲ.①企业管理 Ⅳ.①F272

中国国家版本馆CIP数据核字（2024）第102044号

精细化管理

选题策划：	卢瑞华　朱新月
责任编辑：	卢瑞华　张明帅
装帧设计：	时代天宝
出版发行：	新华出版社
地　　址：	北京石景山区京原路8号
网　　址：	http://www.xinhuapub.com
邮　　编：	100043
经　　销：	新华书店
照　　排：	北京诚税文化发展有限公司
印　　刷：	北京科普瑞印刷有限责任公司
开　　本：	787mm×1092mm　1/16
印　　张：	13
字　　数：	145千字
版　　次：	2005年5月第1版
印　　次：	2024年5月第9次印刷
书　　号：	ISBN 978-7-5011-7072-2
定　　价：	58.00元

本社购书热线：（010）63077122　　中国新闻书店电话：（010）63072012

图书如有印装质量问题，请与印刷厂联系调换　电话：（010）68487630

总　　序

著名经济学家吴敬琏先生在考察了浙江省宁波市的民营企业后曾说：民营企业应该走"精细化"发展的路子。

中国房地产界的领头羊万科集团的前董事长王石先生曾说：万科的下一个十年要致力于"精细化"。

精细化不是什么新东西，作为一种追求精益求精的努力，自古以来那些做事认真的人就已经在做了。但它作为现代工业化时代的一个管理概念，最早是由日本的企业在20世纪50年代提出的。1950年，有一位名叫丰田英二的日本工程师，赴美国底特律福特汽车公司的罗杰工厂研究了3个月。丰田英二学习福特的汽车生产和管理方法，并且努力在此基础上改进提高。他以避免浪费为着眼点，设法在生产过程中消灭任何无用的动作、避免无用的努力、消除无用的材料，努力建立这样一种企业：消灭不能给产品或服务的最终用户带来好处的所有活动；同时，要持续不断地寻找并贯彻改进的方法。

日本企业以精益为号召，切实改进了产品质量，推动了日本经济增长，成为世界经济大国。这使得"装在汽车轮子上"的美国的汽车制造商也不得不放下架子，前往日本丰田等汽车生产商那里去取经。之后，精益企业和精益生产方法随着日本经济的崛起而走向全世界。

随着我国加入WTO，中国企业与世界跨国大公司同台竞技。而目前，中国管理学界的基本情况是：管理哲学弥厚，管理学则浅（哲学层面的管理气氛浓厚，科学层面的管理则言而难践）。

管理学是科学，也是艺术：作为科学，我们多取法于西洋；作为艺术，往往又言而不言。"悟"是不便于传授和复制的，全面普及更难。

全面质量管理、ISO9000、流程再造、零库存管理、无边界管理、SCM（现代物流与供应链管理）、CRM（客户关系管理）、ERP（企业资源管理）……我们始终一个阶段、一个阶段地复制，有的学了皮毛未及实质，有的颇得要领但苦于管理基础不配套。我们不可能借用某一种管理理论，全面地、实质性地解决管理问题，也不可能照葫芦画瓢以求达到行业的顶峰。

乡间小道可以直接跨越到高速公路,然而管理的阶段不可跨越。我们得一步步来，每一步可以快一些，但步子是不能省略的。我们很难改变人的思维，但可以借助职业化训练改变人的行为，通过调整行为来达到逐步调整思维的目的。我们不能省略管理的各个环节全面量化的阶段，管理依赖规则，规则需要具体化、标准化、数据化，只有格式化的规则才可以训练，训练提升素质才是改善和完善管理的必由之路。

精细化管理，中国企业界一直在尝试。我在《细节决定成败》一书中提出了重视细节的理念，受到了社会的普遍欢迎和热烈反响。我们是把精细化管理作为一种管理系统提出来的，设法使之与已知的一些科学管理理论对接，努力与过去粗放的管理相区分，试图给出一些基本规则和操作思路。精者，去粗也，不断提炼，精心筛选，从而找到解决问题的最佳方案；细者，入微也，究其根由，由粗及细，从而找到事物内在联系和规律性。也可以这么说，"细"是精细化的必经途径，"精"是精细化的自然结果。

在我看来，精细化是我国企业（包括有管理属性的公共机构）必须迈过的一道坎，不管是何种行业，不论是哪家企业，离开了精细化，要想在日趋激烈的国际化竞争中立于不败之地，无异于缘木求鱼。

由重视细节到倡导精细化管理，是我致力于提高中国管理水平的自然结果。我把精细化管理当成一项事业，希望能通过自己的努力，推动中国精细化管理事业的发展。当然，我更希望有众多的同人参与到此项事业中来，一起研究精细化管理、实践精细化管理、完善精细化管理，直到精细化管理成为人们的习惯，而不是被当作目标提及。

前　　言

　　自有了管理概念之日起，我们就一直在艰难地跋涉，从一座管理理论的山岳吃力地冲向另一座管理理论的峰顶，但我们至今也没有多少人真正弄明白管理的具体含义。

　　我相信，管理不外乎是已经复杂得几乎不可测的人，与更为复杂的世间万事万物之间的依存、协调、融合的过程。12星座是没有意义的，因为世界60多亿人，不可能简单地分成12类。我们就更没有理由简单地认定，管理必须这样，而不得那样。

　　一般意义上说，西方对于管理的研究，比我们相对成熟，但西方管理学家反复研究到最后，竟先后对管理本身开始狐疑起来，甚至一些权威的管理大家都生出了诸如"我们不能过多地像管理者那样思考"（美国《第五项修炼》作者彼得·圣吉）之类的感慨。

　　而正当此时，一批对管理有所思考的学者，回过头从中国文化的大厦中寻找管理的支点或原点。以成君忆为代表的思考者，试图从"三国""西游"等古典名著所代表的中国文化中找到对管理的真实理解和阐释。当然，这是乐事，也是趣事，更是益事。一方面我们希望管理能达到不治而治，所有管理者都可以无为而为，而被管理者都能像水一样自发自觉，顺着人类文明的必然趋向或个人真善美的内心而流淌；另一方面，我们又不能不承认，过于美妙的想象常常如同梦境、幻影，且不说"必然趋向""真善美""内心",我们未必那么容易认定,就是认定了,要想步调一致地"流"起来、"淌"过去,又该怎样成为可能呢?

　　立足于我们管理的现实,我们不要预测百年后的未来,先把眼前的局面看清,做出符合逻辑的梳理,然后动起来。于是,有了一批志同道合者的相聚,他们是:对数据化和信息化极有心得的寇盛君、专心研究市场学的刘兴旺、对营销颇为熟悉的吴宏彪。在大家的通力合作下,这本《精细化管理》出世了。虽然本书本身也还不够精细化,但一定能带动中国管理界和企业界的精细化研究,一定能带动管理者的深入实践。

目　录

第一部分　迎接精细化管理时代

一、全国只有一个总经理　/2
二、暴利来自机会　/6
三、高招迭出招招鲜　/10
四、必然到来的四大转变　/22

第二部分　把握精细化管理

一、专业化——唯有专业或可精细　/33
二、系统化——成功取决于系统　/40
三、数据化——精细见于数据　/53
四、信息化——精细离不开高科技　/76

第三部分　精细化管理的前提、原则、方法

　　一、三个前提　/86
　　二、四项原则　/104
　　三、六种方法　/112

第四部分　精细化始于管理者

　　一、寓"管"于"理"当中　/124
　　二、结果要靠过程来保证　/127
　　三、关注倾向性、类型性的问题　/130
　　四、布置不等于完成　/134

第五部分　每个成员都是管理者

　　一、把小事做细，把细事做透　/145
　　二、强化规则意识，打击小聪明意识　/151
　　三、总经理也是员工　/154
　　四、设计管理的"风纪扣"　/158
　　五、合理的叫训练，不合理的叫磨炼　/160

附　录

　　附录1　细节管理培训10项60条　/168
　　附录2　区域市场年度运营计划提纲　/170
　　附录3　关于统一文件格式标准的通知　/173
　　附录4　细节管理系统导入步骤　/177

附录5　甘特图程序调用　/181

附录6　保本点销量程序　/185

后记
参考文献

第一部分
迎接精细化管理时代

一、全国只有一个总经理

以前,中华人民共和国还处于计划经济时代,社会主义建设在全国上下轰轰烈烈地进行着,对于民族来讲,我们取得了不凡的成就,国家集中了全国的资源,奠定了影响社会变革的几件大事,比如说工业体系建设,我们从近乎零的基础,建立了比较完备的工业体系。

那个时代,只给了我们悠闲,并没有给我们焦虑。那个时期,我们像一群喊着劳动号子的劳动者,为着社会主义大厦的早日建成,担着每一块砖,担着每一片瓦,担着每一根栋梁,"嘿呦、嘿呦"地前行。那个时代载满了激情、快乐与理想,国务院总理总揽中国经济全局,像火车司机一样,殚精竭虑,鞠躬尽瘁,焚一己之力,燃民族列车,把社会从蒙昧的山区带到文明的平原。

但是后来,列车踯躅了,社会需要新的活力。那个时期的经济状况,从罗浮村就可以清晰地表现出来。深圳河的两岸各有一个罗浮村,村民收入比为 1:93。

(1)没有企业,只有工厂。

那个时期,我们习惯把社会经济看成一架机器,把每个生产单元看成机器的组成部件,所有部件按照国家的指令或预定程序做动作，如果有哪个部件偏离指令或不执行程序，那就会被修理或淘汰、更换，所以没有哪一个企业偏离指令，也不敢偏离指令。

当时，由原国家计委下达全国总计划，各部委、各地方根据国家总计划，制定本部委、本地方的分计划，各个企业只是按照国家的计划完成自己的任务。企业不需要考虑产品是否适销对路、是否需要投资，是否需要增加或减少人员。当然，也无权支配利润。工厂可以反映情况，提出要求，但是否被容许，不是企业能够决定的事，也不是企业可以忧虑的。

所以那个时期的企业，从本质意义上来说，只是全国的一个加工厂，只能按照指令行事，没有决策权、自主权，也不承担任何风险，更不存在优胜劣汰的忧虑。履行"总经理"职责的策划部门——原国家计委通盘考虑所有安排，也承担着所有决策风险。

（2）没有企业家，只有车间主任。

那个时期所有企业都是按照国家的计划运转着，厂长们不需要思考太多，完成计划就是使命。企业需要什么原材料，需要多少原材料，那已是程序制定好了的，不需要厂长们操心。企业生产什么，生产多少，那也是程序规定好了的，也不需要厂长们操心。工人工资是多少，几乎也不用厂长们操心，那也是程序规定好了的。在一个庞大的、国家组织的生产机器上，厂长们只是按规定做动作，只需要关心能不能完成任务，不必思考"为什么干""怎样可以干得最好"的问题，也不必担心按计划执行"干不好会怎样"的问题。

那个时期的厂长是一个悠闲的厂长，一个比现代的车间主任还要悠闲的厂长，也是不可能成长为有思想、有魄力的企业家的厂长。

（3）没有市场，只有调剂制的内部分配。

那个时期，消费也是被计划的、受国家控制的，国家资源少的时候，以定量供应让社会平均享用社会建设的成果，粮证、布票、肉票，那还是不太久远的记忆。

记得那个时候，一种"海鸟"牌的香烟非常流行，过节是"欢腾"香烟，来客上"庐山"香烟，都是江西省产的。当时有一段民谣是这样唱的："庐山脚下一片欢腾，鄱阳湖畔海鸟成群。"如果过年时谁能弄一包上海"凤凰"香烟，马上会香倒全村人。

国家用政策分配社会产品，类似大家族的家长，社会没有"看不见的手"进行再分配，只有有形的"手"进行再分配。

那时的社会不存在市场，只有分配。那个时候，也许既不叫"市场经济"，也不是"计划经济"，是延安时期延续下来的"战时供给制"。

（4）不需要经营管理概念，只需要照章办事。

那个时期，企业不知道哪些人享用了他们的产品，也不知道哪些人喜欢他们的产品，更不必担心他们的产品是否能够分配出去。社会没有市场，企业没有风险，厂长不需要经营管理概念，企业只需要照章办事。

（5）不需要思想，只需要激情。

那个时期，整个中国经济真的像一口大锅——重庆的格子火锅，一大堆不一定相识、相知的人，围着一口锅，就着一锅料汤，涮着自己的菜品。看上去，所有人分得清清楚楚，每个围着火锅的人都有指定的格子，但如果没有夹住，掉进锅里了，就不好找了。

那个时期是一个民族倾注了全部心血奋斗的时期，也是我们的父辈倾注了所有企盼复兴梦想的时期。历史会记住这个时期，也会不时地回顾这个时期。但是，这个时期，我们没有科学地对待经济规律，没有辩证地分析社会，没有汇集智慧来创造，没有从人性上激发求真、求实、求发展的心理。**那个时期的情感，我们要珍惜，要尊重，但是不需要重新开始。**

> 中国走上市场经济的道路，不仅需要体制的改变，而且需要文明形态和国民行为的改变。
>
> ——中国社会科学院教授　赵英

【精细化管理】

二、暴利来自机会

改革开放以后,我国终于引入了市场经济,但是我们的总经理就真的"总"体上懂得"经"营管"理"了吗?相对成功的企业也不过是抓住了机会而已,是"迷迷糊糊做大了,莫名其妙发财了"。

在《细节决定成败》一书中,我们曾说:**"第一代老板靠胆子,第四代老板靠脑子。"**

改革开放初期,是一个供不应求、机会多多的时代,管理还提不上日程。在任何一个新兴行业,只要你有胆子,组织起一伙人将产品生产出来了,你就有利润,而且还很丰厚。

举个例子,现在听来可能很多人都不信。一位姓郭的涂料厂老板,一直十分骄傲地炫耀之前如何做市场。"我叫上一辆农用车,装一车油漆,拖到一个小镇上,找到任意一家建材商店,也不管认识不认识,就跟他说,这车货卸在你这,过一个月我再来,你卖了把钱给我,没卖掉你就倒掉。"郭老板得意地说,"就这样,一个礼拜送出去十来家,一个月后全卖了,收了钱,再发货。我就这样亲自打开市场了。"

笔者之一曾出任一家贴面板企业的总经理,在接手这间工厂

的前几年，也就是 1990 年前后，一张贴面板的纯利润达 30 元人民币，所以，每分钟能加工 50 张贴面板的砂光机被老板们钟爱地称为"印钞机"。

那个时候生意实在太好做了，很多老板每天兴奋不已，接待客户也特别大方。

而现在，每张常规品种的贴面板的利润大幅度缩水。

同样，油漆厂也存在这种情况，过去聚酯漆稀释剂每千克的制造成本不到 6 元，出厂价高达 40 元；而现在，随着原材料价格的上涨，制造成本上升，而出厂价格下降得厉害。

我们应该明白，**过去那么高的利润根本不是经营出来的，而是机会带来的，叫"机会利润"**。获得高额利润的情形可以分为两种。

一种是"先入机会利润"，即先进入新兴行业所带来的高额利润。

另一种是"垄断机会利润"，即来自行业垄断所带来的利润。

在这种由机会带来高额利润的经营状况下，在某种程度上可以说，企业根本就不需要管理——只要能把人组织起来，把东西生产出来就可以了。

那时候根本不存在产品积压问题，因为产品还没有生产出来，为缺货而着急的采购商或经销商就早已经排队等候在那里了。

所以，企业只要简单地满足经销商的供货要求就行了，根本不存在当下很多企业为之头痛的"营销"问题。同样的情形也存在于垄断行业中。

2004 年，某省自来水公司 13 年前的应收账款竟然还列在账上；该公司为了挖掘内部潜力，单在节约用电损耗一项上，硬是挤出了 2600 多万元的利润。

（精细化管理）

笔者在讲营销课时就常提到一句话——"初夏不堪酷暑热"。今天很多老板都讲"生意不好做""市场竞争白热化"，事实并非如此，不是现在生意不好做，而是过去机会太多，生意太好做了。正如刚刚进入初夏，天气并不是太热，但人们已经受不了了，事实上酷暑根本还没到，三伏天还在后头呢。

企业机会利润的存在，既是一件好事，也是一件坏事。说它是好事，是因为它为企业积累了大量的资金，使企业有能力进行发展或转型，改变粗放式的、由投资带动增长的方向；使我们的企业有一种熟悉组织、运营、客户、市场的体验过程；使我们的管理者对产、供、销链有一些基本的认识，对人、财、物的系统有一些基本了解。

说它是坏事，是因为**机会利润的存在掩盖了管理中的问题，容易使经营者短视，不能谋及长远，是不利于提高管理水平的。**

现在，除少数垄断行业和开辟了新领域的行业之外，行业利润普遍下降，企业利润也相应地下降。企业经营上，一方面原材料成本总在上升，员工收入也需要逐年提高；另一方面市场竞争对手甚多，不得不在提升质量、增加服务的同时降低产品价格。这样，两头挤压，企业利润从何而来？于是，经营者普遍感受到了市场的压力。这对我们加强管理、提高管理水平是一件好事。

> 过去,中国的企业家找到一个洞钻进去,坐在那儿,就成了菩萨。未来,所有的洞都被人家填满了,你要在人家那里戳一个洞,然后坐进去。
>
> ——经济学家 张维迎

第一部分 迎接精细化管理时代

精细化管理

三、高招迭出招招鲜

20世纪的中国,特别是后半叶,是各种管理思潮涌动的时期,也是企业界思想喷涌的时期。每一股思潮喷涌之时,都给企业与社会带来一股清凉、一串新鲜,都被企业界奉为"高招"或"灵丹";而有另一种新的思想发端之时,企业界没有消化掉前一种思想,就开始了另一顿"大餐"。这几十年来,在企业管理的理论与技术方面,我们在学些什么,学到了些什么。

西方经济管理理论走过了四个阶段。每一个阶段都贯穿着科学的精神,贯穿着求实的探索,而且几乎可以肯定地说,每个阶段都是管理克服粗放、走向精细的一次推进,从而极大地提高了企业的效率、质量与规模。

第一个阶段: 19世纪末到20世纪初形成的"古典管理理论"。

这一学派的代表人物有美国的泰罗(Frederick W Taylor)、法国的法约尔(Henri Fayol)、德国的韦伯(Max Weber)以及后来的美国人古利克(Luther Gulick)和英国人厄威克(Lyn-dall Urwick)等人。

古典管理理论较系统地探讨了经济管理问题。如泰罗等人倡导的科学管理,探讨了工厂提高劳动生产率的问题。他们在科学试验的基础上，制定标准的操作方法，对全体工人进行训练，并且把工人使用的工具、机械、材料以及作业环境加以标准化，形成标准化管理方法。同时为了鼓励工人完成工作定额，他们提倡实行一种有差别的、有刺激性的计件工资制度。

泰罗等人还对计划职能、执行职能、管理职能在组织结构上进行了探讨，开创了科学管理、精细管理先河。泰勒著有《科学管理原理》。

法约尔同泰罗一样是个工程师，是法国一个大公司的最高领导，并在法国的多种机构中从事过管理方面的调查和教学工作。他以大型企业的整体为研究对象，出版了《工业管理和一般管理》一书。他把管理案例分成5个组成部分：计划、组织、指挥、协调、控制，并提出了14条管理原则如下。

① 分工。

② 权限与责任。

③ 纪律。

④ 命令的统一性。

⑤ 指挥的统一性。

⑥ 个别利益服从于整体利益。

⑦ 报酬。

⑧ 集权。

⑨ 等级系列。

⑩ 秩序。

⑪ 公平。

⑫ 保持人员稳定。

⑬ 首创精神。

⑭ 集体精神。

法约尔还特别强调管理教育的重要性，认为可以通过教育使人们学会管理并提高管理水平。

韦伯的研究主要集中在组织理论方面，他的贡献是提出了所谓理想的行政组织体系理论，代表作是《社会组织与经济组织理论》。

为了实现一个组织的目标，他主张把组织中的全部活动划分为各种作业单元，分配给组织中的各个成员。员工按照职权的等级原则组织起来，每一职位有明文规定的权利和义务，形成一个指挥体系或阶层体系。

组织中，人员的作用完全根据职务上的要求，通过正式考试或教育训练来实现。管理人员有固定的薪金和明文规定的升迁制度，是一种"职业的"管理人员。韦伯认为，这种理想的行政组织体系能提高工作效率，在精确性、稳定性、纪律性和可靠性方面优于其他组织体系。

泰罗、法约尔、韦伯等人倡导的古典管理理论，后来为许多人所研究和宣扬，其中较为系统地加以整理阐述的有厄威克和古利克。

厄威克认为适用于一切组织的8项原则如下。

（1）**目标原则**。

即所有的组织都应当表现出一个目标。

（2）**相符原则**。

即权力和组织必须相符。

（3）**职责原则**。

即上级对所属下级工作的职责是绝对的。

（4）组织阶层原则。

（5）控制广度原则。

即每一个上级所管辖的相互之间有工作联系的下级人员不应超过五人或六人。

（6）专业化原则。

即每一个的工作应限制为一种单一的职能。

（7）协调原则。

（8）明确性原则。

即对于每项职务都要有明确的规定。

厄威克著有《管理的要素》《组织的科学原则》《管理备要》。

古利克提出了有名的POSDC-ORB，即管理七职能论。

（1）计划（Planning）。

这是为了实现企业所设定目标而制定出所要做的事情的纲要，以及如何做的方法。

（2）组织（Organizing）。

为了实现企业所设定的目标，必须建立有关权力的正式机构和组织体系，并规定各级的职责范围和协作关系。

（3）人事（Staffing）。

包括职工的选择、训练、培养和恰当安排等。

（4）指挥（Directing）。

包括对下属的领导、监督和激励。

（5）协调（Coordinating）。

这是为了使企业各部门之间工作和谐，步调一致，共同实现企业的目标。

（6）报告（Reporting）。

包括下级对上级的报告和上级对下级的考绩、调查和审核。

（7）预算（Budgeting）。

包括财务计划、会计、控制等。

古利克著有《管理科学论文集》。

第二个阶段：从20世纪20年代开始的"人际关系"——"行为科学"的理论。

行为科学早期的代表人物有原籍澳大利亚而后来移居美国的梅奥（Elton Mayo）和美国的罗特利斯伯格（Fritz J.Roethlisberger）。他们从20世纪20年代后期开始，在美国进行了有名的霍桑工厂试验，并以实验的结果为依据，提出了以下几条原理。

- 工人是"社会人"，是复杂的社会系统的成员。所以，工人不是单纯追求金钱收入，他们还有社会、心理方面的需求，即追求人与人之间的友情、安全感、归属感和尊重等。因此，必须从社会、心理方面来鼓励工人提高劳动生产率。

- 企业中除了"正式组织"之外，还存在着"非正式组织"。所谓非正式组织就是企业成员在共同工作的过程中，由于抱有共同的社会感情而形成的非正式团体。这些团体有自然形成的规范或惯例，与正式组织是相互依存的，对生产率的提高有很大的影响。

- 新型的领导能力在于，通过对职工满足度的提高而激励职工的需要得到满足的程度。

梅奥著有《工业文明的人类问题》《工业文明的社会问题》，罗特利斯伯格著有《职工的生产率中的人的因素》。梅奥等人奠定了行为科学的基础后，西方从事这方面研究的人大量出现。

行为科学在后一阶段的发展，主要集中在四个领域。

（1）有关人的需要、动机和激励的问题。

在这方面有代表性的理论有以下几种。

①美国的马斯洛（Abraham H.Maslow）的"人类需要层次论"。他在《人类动机的理论》《激励与个人》等著作中，把人的需要按其重要性和发生的先后次序排成生理、安全、感情和归属、尊严、自我实现这五个层次。他认为，人们一般按照这五个层次来追求各项需要的满足，并以此来解释人们行为的动机。

②美国的赫茨伯格（Fre-derick Herzberg）的"激励因素——保健因素理论"。他在《工作的推动力》《工作与人性》等书中提出，工作环境或工作关系方面的因素是保健因素。所谓保健因素是指令职工满足的效果，类似卫生保健对身体健康所起的作用一样。卫生保健不能直接提高健康状况，但有预防作用。同样的，保健因素不能直接起到激励职工的作用，但能预防职工产生不满。

属于保健因素的有：公司政策和管理、监督、工资、同事关系、工作条件等。至于使职工产生满意作用的因素只有激励因素，即属于工作本身或工作内容方面的因素，如成就、上级赏识、工作本身、责任、进步等。

③斯金纳（B.F.Skinner）的"强化理论"。这是以学习的强化原则为基础的对理解和修正人们行为的一种探讨。

从其最基本的形式来讲，强化指的是对一种行为的肯定或否定的后果（报酬或惩罚），至少在一定程序上会决定这种行为是否重复。

④弗鲁姆（Victor H.Vroom）的"期望概率模式理论"。这种理论认为，选择性行动成果的强度（即职工对某一行动成果的

评价）和期望概率（即职工认为某一行动成功的可能性的程度）二者决定激励力的大小，激励力促使行动，行动取得成果，职工通过成果得到满足。

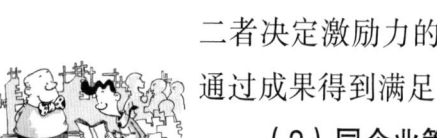

（2）同企业管理有关的所谓"人性"问题。

在这方面有代表性的理论如下。

①美国麻省理工学院教授麦格雷戈（Doug-las McGregor）的"X-Y理论"。他在研究企业管理时发现出现的不少问题是由于管理人员对工人的片面认识，即认为**工人劳动效率不高是由于"工人的不诚实、懒惰、愚蠢、不负责任等造成的"**，这就是"X理论"。与此相反的理论认为人不是被动的，人的行为受动机的支配，只要给其创造一定的条件，他就会努力工作，达到确定的目标，希望自己的工作取得成就。从这个认识出发，**如果工人的工作没干好，就得从管理本身去找妨碍劳动者发挥积极性的因素，这就是"Y理论"**。麦格雷戈有《企业的人事方面》等著作。

②美国的阿吉里斯（Chris Argyris）的"不成熟—成熟理论"。他在《个性和组织》等著作中提出，在人的个性发展方面，如同婴儿成长为成人一样，也有一个从不成熟到成熟的连续发展过程。这个过程就是从被动到主动、从依赖到独立、从缺乏自觉到自觉和自制。一个人在这个发展过程中所处的位置，就体现他自我实现的程度。而正式组织的基本性质使个人保持在"不成熟"阶段，并妨碍他自我实现。消除个性和组织之间的不调和并使之调和起来的办法是：扩大职工的工作范围；采用参与式的、以职工为中心的领导方式；使职工有从事多种工作的经验；增加职工的责任；更多地依靠职工的自我指挥和自控制等。

（3）企业中的非正式组织以及人与人的关系问题。

在这方面有代表性的理论如下。

①原籍德国、后来移居美国的卢因（Kurt Lewin）的"团体力学理论"。这个理论主要论述了作为非正式组织的团体的要素、目标、内聚力、规范、结构、领导方式、参与者、行为分类、规模、对变动的反应等。

②美国人布雷德福（Leland Bradford）的"敏感性训练"。敏感性训练的目的是通过受训者在团体学习环境中的相互影响，提高受训者对自己的感情和情绪、自己在组织中所扮演的角色、自己同别人的相互影响关系的敏感性，进而改变个人和团体的行为，达到提高工作效率和满足个人需求的目标。

（4）企业中领导方式的问题。

在这方面有代表性的理论如下。

①美国的坦南鲍姆（Robert Tannenbaum）和施米特（Warreu H Schmidt）的"领导方式连续统一体理论"。

他们认为，在企业的领导方式中，从专权式的、以上司为中心的领导方式到极为民主的、以职工为中心的领导方式之间，存在着多种多样的领导方式，是一个连续的统一体。至于到底应选择哪一种领导方式，不能一概而论，要考虑经理、职工、形势、长期战略等方面的因素，才能在这个连续统一体中选择一个当时当地最合适的领导模式。

②美国密歇根大学的利克特（Rensis Likert）的"支持关系理论"。

他在《管理的新模式》等著作中指出，**一个企业的领导者在管理中的经验和接触是有助于他们感受个人价值和重要性的。这种关系就叫作支持关系。**他还指出，一个企业的领导者在管理中

如果以职工为中心，较多关心职工的需要和愿望等，则该企业的生产率就较高；同职工接触时间较多者，领导方式愈是民主、合理者，其生产率亦愈高。

③美国俄亥俄州立大学的斯托格第（Ralph M Stogdill）和沙特尔（Carroll L Shartle）等人的"双因素模式"。

他们认为，组织中的领导行为包含两个因素：主动结构（以工作为中心）和体谅（以人际关系为中心）。这两种因素不是互相排斥的，应该结合起来，才能实现高效率的领导。而这两种因素的结合可以有多种情况。

④美国的布莱克（Robert R Blake）和穆顿（Jane S Mouton）的"管理方格法"。

他们在《新管理方格》等著作中提出，为了避免企业领导工作中趋于极端的方式，以职工为中心时，或者采取 X 理论，或者采取 Y 理论，应采取各种不同的综合领导方式。他们以对生产的关心为横轴，对职工的关心为纵轴，每根轴线分为九小格，共分成八十一个小方格，代表各种不同结合的领导方式。他们认为，把对生产的高度关心同对职工的高度关心结合起来的领导方式是效率最高的。

第三阶段：管理理论丛林。

在古典学派和行为学派出现以后，特别是在第二次世界大战以后出现的当代西方管理理论的一些学派主要有：**社会系统学派、决策理论学派、系统管理学派、经验主义学派、权变理论学派和管理科学学派等**。这些学派的产生是同当代，特别是第二次世界大战以后科学技术的进步、生产力的巨大发展、生产社会化的程度日益提高相联系的。

社会系统学派以美国的巴纳德（C.I.Barnard）为首。巴纳德认为，社会的各级组织都是一个协作的系统，即由相互进行协作的个人组成的系统。这些协作系统是正式组织，包含三个要素：协作的意愿、共同的目标、信息联系。非正式组织也起着重要的作用，它同正式组织互相创造条件，在某些方面对正式组织产生积极的影响。至于组织中经理人员的作用，就是在协作系统中作为互相联系中心，并对协作的努力进行协调，以便组织能够维持运转。巴纳德的代表作是《经理的职能》。

决策理论学派是从社会系统学派中发展出来的，其代表人物有美国卡内基—梅隆大学的西蒙（H.A.Simon）、马奇（J.G.March）等人。

它是在第二次世界大战以后吸收了行为科学系统理论、运筹学和计算机程序等学科的内容而发展起来的。西蒙由于在决策理论的研究上做出了贡献，曾获得1978年度的诺贝尔经济学奖。

西蒙等人认为，**决策贯彻管理的全过程，管理就是决策。组织是由作为决策者的个人所组成的系统。**他们对决策的过程、决策的准则、程序化的决策和非程序化的决策、组织机构建立同决策过程的联系等做了分析。他们的代表作是《组织》及《管理决策新科学》等。

系统管理学派同社会系统学派也有密切的关系，而各有不同的侧重方面，其代表人物有卡斯特（F.E.Kast）、罗森茨韦克（J.E.Rosenzweig）等人。

他们的代表作有《系统理论和管理》《组织与管理：系统与权变的方法》等书。系统管理学派认为，从系统的观点来考察和管理企业，有助于提高企业的效率，使各个系统和有关部门的相互联系网络更清楚，更好地实现企业的总目标。系统管理学派在

（精细化管理）

20世纪60年代最为盛行。其后，由于它不能满足各方面的期望而稍为减弱，但仍有相当多的人继续从事研究。而且，系统管理理论中的许多内容有助于自动化、控制论、管理情报系统、权变理论的发展。

经验主义学派的代表人物有美国的德鲁克（Peter Drucker）、戴尔（E.Dale）等人。德鲁克的代表作有《管理：任务、责任和实践》《管理实践》《有效的管理者》等。戴尔的代表作有《伟大的组织者》《企业管理的理论与实践》等。他们认为，**古典管理理论和行为科学都不能完全适应企业发展的实际需要**。有关企业管理的科学应该从企业管理的实际出发，以大企业的管理经验为主要研究对象，加以概括和理论化，向企业管理人员提供实际的建议。

权变理论学派认为在企业管理中要根据企业所处的内外条件随机应变，**没有什么一成不变、普遍适用的"最好的"管理理论和方法**。这个学派于20世纪70年代在美国等地风行一时。由于科技、经济、政治上的剧烈变动，以及职工队伍构成和文化技术水平的改变，使得权变理论有一定的实用价值。

管理科学学派的代表人物有美国的伯法（E. S. Buffa）等人。他们认为，管理就是用数学模式与程序来表示计划、组织、控制、决策等合乎逻辑的程序，求出最优的解答，以达到企业的目标。管理科学就是制定用于管理决策的数学模式与程序的系统，并把它们通过电子计算机应用于企业管理。伯法的代表作有《生产管理基础》等。

此外，美国管理学者孔茨（Harold Koontz）在1980年发表的《再论管理理论的丛林》一文中认为企业管理至少已发展到11个学派，除了前面已提到的以外,还有组织行为学派、社会技术系统学派、经理角色学派、经营管理理论学派等。

管理学研究专家斯蒂芬·P·罗宾斯博士在其所著《管理学》中,以"多样化时期"为题将这些复杂的管理学理论概括为"科学管理""一般行政管理理论""人力资源方法"和"定量方法"四个层次。

第四阶段:新的管理理论丛林。

主要有以下一些理论。

学习型组织理论,企业再造理论,知识管理理论,管理创新理论,信息管理理论,企业能力理论,冲突风险理论,竞争合作理论,人本管理理论,集成管理理论,物流管理理论,项目管理理论。

关于管理学的趋势,罗宾斯博士则以《趋向一体化》为题,着重介绍了"过程方法""系统方法"和"权变方法",又以"变化中的管理实践"为题,介绍了"全球化""工作人员多样化""道德""激励创新和变""全面质量管理""授权"和"工作人员的两极化"等管理趋势和问题。

> 明确、准确、精确必将成为管理者孜孜以求的三级跳。
>
> ——《细节决定成败》作者 汪中求

四、必然到来的四大转变

1. 从管理随意化向管理规范化转变

（1）随意化管理多是在企业初创期所采取的一种管理方法。

随意化管理是企业在创业初期通常具有的一种管理模式。改革开放初期，中国开始有一些新兴企业出现。但是，中国自古以来就重农，中国是一个长期的农业国，所以导致的直接后果是几乎没有人有投资能力。

因此，新兴企业的业主不一定有多么宏大的志向、多高的文化水平、多好的个人素质。

据我们的调查，当时的企业主办企业的动机大多数是"自己为自己安排一份工作"。令人始料未及的是，因为市场需求出乎意料的旺盛，多数企业主很快获得了第一桶金，于是企业也就稀里糊涂地做大起来。

就企业的生存状态来说，**小型企业靠领导，中型企业靠制度，大型企业靠文化**。当企业发展到一定规模之后，企业的领导者就应该及时调整管理方式，但实际上很多企业仍然采取个人化的、随意性的管理方式，凭着自己的兴趣和喜好来实行管理。

我见过一家企业，老板一时心血来潮，就在全国建70多个办事处，好像70个"代表"一派出去，力量都会如雨后春笋般迅速成长起来。但运行不到半年，靠得住的"代表"没几个，每月费用不断上升，业绩看不到，漏洞还不少，于是某日宣布70多个办事处全部撤销。

有一些企业就因为领导者本人的失误而遭受重创甚至消亡。 早期创业致富的那些人中，一部分先后退出了历史舞台，基本上就是由于这一层原因。

（2）**缺乏规则意识和制度化约束。**

中国是个以农业为主的国家，长期的农业生产方式更需要规范化、制度化的管理意识。

人类社会可以简单地分为农业社会、工业社会和信息社会三个阶段，农业社会最大的特点就是"自力更生"，在规则和制度方面严格要求，才会达到更好的分工和合作的目的。

长期松垮的习惯，不会产生制度，更不要提严谨、约束，乃至管理了。

（3）**避免"个人英雄企业"。**

一些企业中的"家长制"作风，使企业管理无形中带有个人英雄主义的色彩。

企业因领导而起伏，业绩因个人而受影响。企业的命运系于管理者个人身上，这既使管理者个人特别累，又使企业承受了巨大的风险。

管理好的企业不追求奇迹。**成熟的企业往往是对可能发生的未来做出充分的预测，使之纳入日常的管理轨道，让企业渐进式地稳步推进。** 敏锐的观察者一定会发现，那些历史悠久的大企业，人们很少知道它现任的管理者是谁。相反，那些快速成长的企业，管理者的名字却广为人知。

由此，笔者也想到了《西行漫记》（Red Star Over China）一书的作者爱德加·斯诺去延安访问毛泽东时的情形。对身份为记者的斯诺来说，毛泽东个人的有关资料更具有新闻价值，他本来也想多挖掘一些有关毛泽东个人的资料，而且在谈话中也尽量往这方面引导，但毛泽东在回答他的问题时，却始终没有突出自己，而是在有意无意中把自己个人的经历融入党的成长中去。这让斯诺感觉到革命不只是几个人的事情，而是一个众人参与的、不可阻挡的革命洪流。

一个企业的管理者在企业发展初期，确实因自身所处特定条件下的特定位置，使他有别人不可取代的特别意义，但随着企业的增长和队伍的不断扩大，如果还是过于突出个人，必然会给企业的规范化和制度化管理带来一定的负面影响。

2. 由经验型管理向科学型管理转变

由经验型管理向科学型管理的转变，是管理适应时代要求所必须进行的转变。

所谓经验型的管理方式，就是凭经验进行管理，会且只会把那些通过过去的管理实践得来的知识和技能运用到现时的管理当中。

在遇到具体的问题时，凭经验进行管理的人会说：就这样做，以前就这样做的。经验型管理其实是把过去的经验固定化、模式化，用来应付千变万化的管理现状，但是这样根本就无法满足现代化的管理要求。

从适用范围来说，凭经验取得成功的管理，一般适用于那些规模较小的企业，适用于整个行业都未完全启动、下属多数都未经开发、市场和消费都还没有太多鉴别力的时期。而当企业达到一定规模、员工有一定素质、消费者也非常难挑剔了，那种单凭经验管理的方法就无法满足企业发展的需要了。

从适用的背景来说，经验型管理一般适用于农耕时代粗放的生产方式，凭借经验无法满足管理的数据化、科学化的要求。

从管理的效果来讲，**经验型的管理只能满足于"差不多""还凑合"，而无法适应大工业时代高标准、高精度、高质量的管理要求。**

说到底，经验型管理是管理者故步自封、不能与时俱进的表现，是不愿意研究新情况并针对新情况找到具体解决问题方法的借口。

3. 从外延式增长向内涵式增长转变

我们从改革开放以来的发展历史，就可以看出个大概。

在改革开放初期，企业关注内部，注重生产管理、效率、成本、质量，管理侧重提高质量效率，喊出"时间就是金钱""质量就是生命"等口号。

在20世纪80年代后期到90年代中期，企业关注市场，说市场决定企业命运。

20世纪90年代中期，企业关注战略，全国都在讲战略。

2002年以后，企业则关注执行力，强调重视细节、做好小事。社会在进步，企业在成熟，管理者在觉悟。

过去，经济增长大多数走的是规模扩张型的、外延式发展的

路子，靠扩大投资拉动增长，但是受经济收益规模递减规律的制约，这种外延型经济的增长有其极限。**从拼资源、人力和价格到拼技术、品牌和附加值，从拼厂房、设备、资金、规模等硬件到拼知识、管理、创新和文化等软件方面的全面转变，就是内涵型发展的路子。**

2004年财务年度，丰田汽车公司只生产了678万国内汽车，但获得的利润比通用和福特这两家美国汽车公司的利润之和还高出两倍多（净收益为86.4亿欧元）。它拥有的交易所证券总价值要高于美国通用、福特、克莱斯勒汽车"三巨头"的总值。丰田生产方式改变了丰田，改变了日本，改变了世界，被称为21世纪的生产方式。

远在1992年，丹尼尔·T·琼斯（Daniel T Jones）等50多位专家用了5年时间，在对17个国家的90多家汽车制造企业进行了比较分析后，发表了名为**"改变世界的机器"**（The Machine That Changed the World）的著名报告。该报告总结了丰田生产方式，认为这种生产方式是制造工业的又一次革命。丰田生产方式在产品质量上追求尽善尽美，保证用户在产品整个生命周期内都感到满意；在企业内的生产组织上，充分考虑人的因素，采用灵活的小组工作方式和强调相互合作的并行工作方式；在物料管理方面，准时的物料后勤供应和零库存目标使在制品大大减少，节约了流动资金；在生产技术上采用适度的自动化技术明显提高了生产效率。所有这一切，都使企业的资源能够得到合理的配置和充分的利用。

与大量生产方式相比，丰田生产方式的优越性主要表现在以下几个方面。

第一，所需人力资源——无论是产品开发、生产系统，还是工厂的其他部门，与大量生产方式相比，均能减至 1/2。

第二，新产品开发周期——可减至 1/2 或 2/3。

第三，生产过程的在制品库存——可减至大量生产方式下一般水平的 1/10。

第四，工厂占用空间——可减至采用大量生产方式工厂平均水平的 1/2。

第五，成品库存——可减至采用大量生产方式工厂平均水平的 1/4。

人类社会的消费总体上是不断增长的，但增长的速度有一个上限，而企业的增长要求则往往高于消费增长。**简单地扩张，单纯地铺摊子，很容易导致"此路不通"。**就像过去某一时期，人口增长了，粮食不够吃，就围海造田、开荒种地，围湖造田、开山种地；但人口增长太快，新造田地有限，粮食依然不够吃。直到袁隆平院士突破杂交水稻瓶颈，大大地提高了单位亩产，吃粮问题才得到根本解决。

当然，企业的"单位亩产"不仅存在效果问题，还存在效率问题，即如何降低成本消耗，提升市场销量与产品销量。只有着眼内部挖潜，才能抵御外部压力。

再从技术层面来看，内涵式的发展就是要走高技术含量、产品和服务高附加值的路子。其实，这种观念早就为人们所认同，也是我们大多数企业正在努力的方向。

在联想集团分拆之前，柳传志接受记者采访，在被问及"联想冲刺世界 500 强，有无遗憾之处"时，柳传志回答说："联想

的遗憾之处,主要是找不到核心技术,联想需要完成由技术缺乏型企业向技术主导型企业的蜕变。"柳传志表达了要向技术主导型转变的观点。

联想收购IBM全球PC业务,即传达了联想在技术上保持领先的战略规划。

4. 从机会型企业向战略型企业发展

前面提到,中国改革开放初期,我国的经济飞速成长,到处都有机会,在这种市场条件下,只要不犯太多的错误,就能随着蓬勃发展的中国经济一同长大。我们称这种成长方式为机会型成长,称这些企业为机会型企业。机会型企业还有另外一层意思,即没有自己的主业,哪个行业赚钱,就往哪里钻。一个企业不可能永远依靠这样的办法生存。

我们常说,机会青睐那些有准备的头脑。**什么是有准备的头脑?在经营企业中,企业必须有自己的战略定位。**在这种定位的基础上设立自己的目标,然后不断地创造条件,为实现这一目标而努力。企业一直坚持这个战略定位,一直朝目标努力,一直为目标准备条件,就知道哪些是机会,也就能抓到那些属于自己的机会。

如果说,过去我们的发展是靠"发现需求,满足需求",强调的是抓住机会;那么现在提倡的则是"创造需求,引导消费",强调的是战略制胜。**没有战略,没有规划,是注定要被淘汰的。**

在《营销人的自我营销》一书中,笔者曾指出一个人要有自己的人生发展规划,要做好自己的职业定位,或者沿着职业的纵坐标发展,或者沿着职业的横坐标发展。

针对营销人来说，"风油精"是不值钱的。企业的发展也一样，一个小企业还可以靠抓住机会每年赚个几十万元或几百万元（前提是这样的机会也不是随手可得的），但像沃尔玛这种年销售额2000多亿美元的大企业，它只要增长10%就是200亿美元。可到哪里能抓到200亿美元的机会？所以沃尔玛不再捕获增长的机会，而是着力于客户关系的改进，着力于采购链和供应链系统的整合，着力于经营方式的变革与创新。

这种集中战略成就了沃尔玛世界零售业"巨无霸"的地位。

总结上面分析的四大转变——随意化到规范化、经验型到科学型、外延式到内涵式、机会型到战略型，最终可以概括为一个转变，那就是：由粗放型经营向精细化管理转变。

> 企业家的五项修炼：自我超越、心智模式、共同愿景、团体学习、系统思考。
> ——《第五项修炼》作者　（美）彼得·圣吉

第二部分
把握精细化管理

【精细化管理】

精细化管理是管理者用来调整产品、服务和运营过程的技术方法。它以规范化为前提、系统化为保证、数据化为标准、信息化为手段,把服务者的专注焦点集中到满足被服务者的需求上,以获得更高效率、更多效益和更强竞争力。

我们用一张图来说明精细化管理的内涵。这张图用坐标形式表现了精细化管理在厘清了业务流程和成员岗位职责的前提下,逐步提升的发展层次和发展方向(见图2-0)。

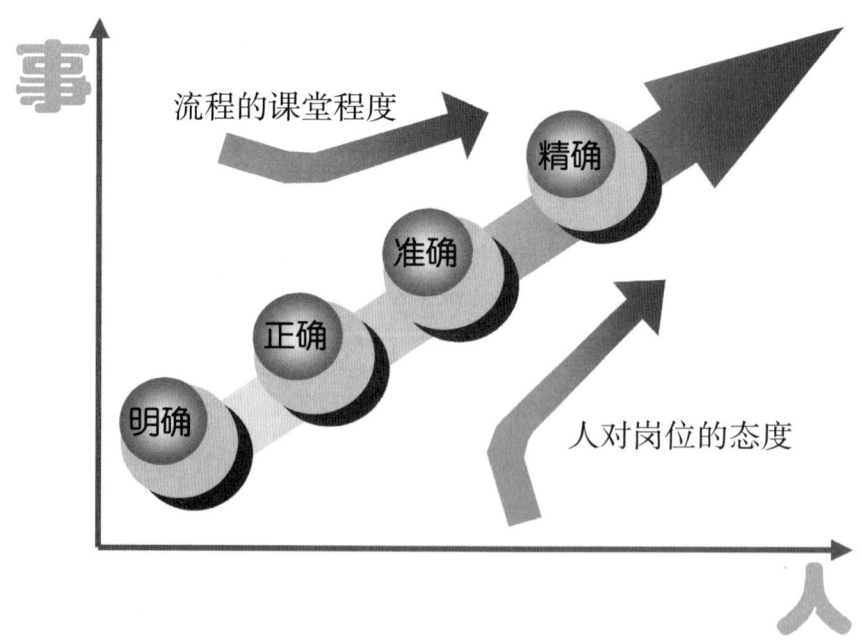

图2-0 精细化管理的发展层次和发展方向

一、专业化——唯有专业或可精细

1. 专业化是精细化的前提

资源是有限的，所以才需要管理；如果资源是无限的，那就不需要管理了。管理的目的在于使有限的资源发挥最大的效能。

我们知道，在同等条件下，要想把事情做得精，必须投入更多的时间、人力和物力，这就决定了我们必须把有限的资源投入最能产生效益的事情上去。有一年的高考作文题目是："与其多挖井而不及泉，不如深挖一井"，准确到位地描述了把有限资源集中投入的思想。这同军事上集中优势兵力歼灭各个敌人是一样的道理。所以，把这种原理运用到企业上，就必须要走专业化的发展道路。

国务院发展研究中心研究员、著名经济学家吴敬琏教授两次深入浙江省宁波市进行考察之后，曾指出**民营经济应该走"精细化"发展的路子，具体表现在专业化、归核化和国际化**。其中，专业化发展是精细化发展的前提，而专业化必须要做到企业内部的产业专业化、管理专业化和资本专业化。

产业专业化是指在单一或主要产业内要做到又"红"又"专"，在消费者面前要"红"，就必须在产品上"专"，从工艺设计、

核心技术乃至服务体系上,都要紧紧围绕着"专"字做文章。管理专业化则主要表现在通过职业经理人的方式来组建高效管理的团队。在资本专业化方面,由于民营企业本身的发展限制,在资金、人才等资本相对贫乏的情况下,应该集中有限的资本优势专攻某一产品的特定区域市场。

归核化发展其实就是集中资本、技术和管理优势,实现专业化,从而步入精细化发展的根本。

我们认为,吴教授的说法是非常正确的。要想做精,只有从专入手。专业化是精细化的途径,做专才能做精。而要实行专业化,就要求着眼于长远发展。粗放式经营的企业,大多力求短期效益,期望通过广告轰炸或其他一些所谓的"绝招",使企业一夜暴富,而不愿意在管理上下功夫,耐心做长期细致的工作。现在一些企业大打价格战,实在是一种在缺乏品牌效应下的无奈选择。与此相应,那些企图采取广告战、价格战等方式寻求发展突破的企业是粗放式管理。这些企业不努力挖掘内部的潜力,是难以持久的。

中国企业在非专业化方面表现出以下现象。

一是企业本来就小,动辄号称"集团",笔者就见过30位员工组成的企业集团。

二是有些上市公司的总经理都说不清本企业核心产业是什么。

三是产品结构复杂,对主产品定位心中无数,生产集中度低,造成生产线效率低,原材料、辅料供应链复杂,库存管理难度极大。

四是企业规模小,却要做全国市场,没有占有率,营销费用过大,销售效率低。

五是所有关联、配套部分都想自己做，恨不能不让旁人赚走一分钱，例如做了方便面做面桶，做了面桶做包装纸，做了纸后做印刷，不晓得还做不做油墨和印刷机械。

凡此种种，既是一种浮躁，更是一种不自信。根本原因是不知道自己该做什么，能做什么，能做好什么。

2. 专业化与多元化的关系

这是一个人们争论了多年的老话题。从"让有效资源发挥最大效益"的管理理论来看，我们更倾向于专业化，而不是多元化。实行专业化，企业才可以集中最有效的资源，打造自己的核心竞争力。而没有核心竞争力的企业，就会被市场淘汰。

在中国，之所以对这个问题争论不休，一个重要的原因就是中国的市场成长期为企业创造了太多的成长机会，这些机会只要抓住其中一个，就可以有增长，有利润。正如张维迎教授所言："过去，中国的企业家找到一个洞钻进去，坐在那儿，就成了菩萨。未来，所有的洞都被人家填满了，你要在人家那里戳一个洞然后坐进去，看看你能不能成为菩萨。"

多元化是一种选择，但有前提条件——在专业领域里形成了核心竞争力并在相应领域里占据垄断地位的时候，才可以向多元化发展。

但是，现在一些企业实行多元化，是在缺乏核心竞争力时的一种无奈选择，也是一种不自信的表现。

多元化作为重要的经营战略之一，在20世纪60年代和70年代曾被西方的大企业广泛采用，有很多成功的案例。但多元化经营必须具备一些必要的前提条件，比如，只有当本业吸纳不了剩

余的资本时,企业才有资格考虑多元化的问题;**是否实行多元化,还要分析企业在进入一个新行业时有没有必要的技术、管理和销售能力,因为在不同的行业里这三个要素是不同的。**同时,自20世纪80年代末期,世界范围内出现了企业回归主业、突出核心能力的趋势。

美国通用电气公司于20世纪80年代中后期对多元化实行了全面重组,提出了所要经营的产业在本行业"数一数二"的原则,将200多个子公司重组为13个,将采购流程都外包给别的专搞物流的公司,主要是集中力量和资源,突出自身的核心能力。

韦尔奇提出多元化战略的四个前提条件如下。

一是基础投资1亿美元以上。

二是该行业年增长率30%以上。

三是进入后科学预测未来3年能进入行业前3名。

四是企业现有人才能主建出新公司的管理班子。

可口可乐在20世纪80年代末退出葡萄酒行业,奔驰公司20世纪90年代退出飞机、交通业。韩国在遭遇1997年亚洲金融风暴的创痛后,大企业将从事多元化的业务平均砍掉15个,政府也规定每个大企业最多只能从事4到5个行业。

我们认为,绝大多数的中国企业不适合搞多元化战略。现在中国的企业无论是在资金还是在技术和人才方面,都缺乏足够的优势,因此只有把有限的资源集中在专业的领域内,才有可能创造出相对优势。专业做好了,才能形成自己的核心竞争能力,才能基业长青。

被誉为"常青树"的鲁冠球认为,万向集团长胜不衰的奥秘在于把握了三条基本原则:一是紧紧咬住自己的主业,做大做强。

万向集团的主业是汽车零部件,围绕这个主业发展,逐步积累了自己在技术、人才、市场和公共关系方面的优势,同时对相关的国家政策和法律、法规掌握得比较透,因而可以大大减低政策方面的风险,生产的产品从一个零件、一个部件到系统集成模块方向发展,形成了以汽车底盘系统为主的包括万向节、减震器、等速驱动器、传动轴、轴承、滚动体、橡胶密封件等8大系列,产品都已通过ISO9000和QS9000国际最高质量体系认证,已经确立了产业规模优势。二是量力而行,不搞投机。鲁冠球认为,企业的成功不在于发展速度有多快,而在于减少甚至避免失误。一个致命的失误可能会导致一个企业前功尽弃。三是牢牢把握国家产业的导向,非高技术、高附加值产业不做。这样做的结果,是万向的发展已经跳出了传统的以量的、规模的扩张为主导的发展模式,而是更倚重于质的提高。比如,由于万向的产业定位,国家每进行一次宏观调控,万向就多一次机遇,因为万向的产业大多具有先导性、前瞻性、符合国家的产业导向,因而能够获得国家宏观政策的有力支持。2004年夏天,浙江省遭遇了历史上前所未有的严重电荒,但由于万向的产品市场好、效益好,其用电指标得到了当地政府的优先保证。

万向的发展证明了,企业应该先着力于专业化;若想要实行多元化,也应该在保证专业化的基础上,沿着与专业化相关的领域实行。

3. 专业化与多元化的权衡
——多元化是陷阱而非馅饼

多元化和专业化是一些企业,尤其是所谓的大企业里讨论得比

较多的一个问题。对于两者关系，我们有两点看法，一是不主张多元化经营，二是若必须实行多元化经营，也应该遵循先专业后多元、先国内后国外的原则。

专业与多元的界限则是兰契斯特法则。这一在《营销人的自我营销》中已转述过的法则，说明了一个企业的产品市场占有率达到多少时，才能形成市场垄断。

市场占有率下限目标值：26.12%，未及该占有率，即使是第一位的企业，仍然是不安全的；

市场占有率相对安全值：41.67%；

市场占有率上限目标值：73.88%，市场独占条件。

在遵守兰契斯特法则的前提下，那些在市场上占据垄断地位的企业可以采取多元化的策略，另辟蹊径，扩大自己的规模。我们认为，垄断是市场的发展必然趋势。在那些已经发展成熟的市场上，除了新兴产品，每种产品都由四五家大企业垄断了整个市场。在中国现有比较成熟的市场上，垄断趋势已经很明显了，新兴的企业要想进入这个市场是非常不容易的。

我们觉得，很多企业在谈论的多元化问题，其实是"虚胖"，是对自己认识不清、头脑发热的结果。要知道，即便是海尔，2003年的资产只有42亿美元，与当时同行业全球第一企业西门子公司的资产相比，相差了17倍，遑论其他。

我们也应该从联想曾经的经营中吸取教训。当时，联想是国内，也是亚洲市场上PC电脑销售量最大的公司，但其电脑的市场占有率远没有达到兰契斯特法则所要求的最低值。在这种情况下，联想便开始实施多元化战略，结果进展不大，联想极力选定的新增长业务普遍表现不佳,非核心业务如手机、IT服务、合同制造(主机板)业务都不太理想,同时核心业务的地位也在下降。联想在国内的电脑市场占有率出现下滑。柳传志当时对此的总结是:"有段时间,我们过于自满,我们应该先二元化而后尝试多元化。"

即使必须实行多元化,包括市场的多元化,也须遵循先国内市场,后国际市场;放眼世界舞台,站稳国内市场。我们认为这是中国企业国际市场战略的最佳选择。中国的企业如果能在14亿人的巨大市场中牢固地占据垄断地位,那么,无论面对什么样的强手竞争,都有实力相抗衡。所以,那些急于走向世界的中国企业,先看看自己的"后院"是否稳固。我们不反对中国的企业走向国际,但一定要先占领国内市场,然后才占领国际市场,即由内而外的策略。联想当时在实行多元化战略时,没有稳固地做好国内PC电脑市场,结果让美国的戴尔有了可乘之机,迅速地扩大了在中国的PC市场份额。柳传志总结认为,联想"没看好后院,低估了戴尔的实力"。联想的教训绝不只是联想的,而应该是所有中国企业的。

[精细化管理]

二、系统化——成功取决于系统

1. 管理是一项系统工程

做任何一项工作,都需要一系列的、有机组合的、朝向总体目标的、协调一致的动作来完成。也就是说,管理是一项系统工程,不是某一个单一的动作就能达到目的的。

获得全国劳动模范称号的张秉贵,是全国商业战线上的一面旗帜。作为北京王府井百货大楼糖果专柜的普通售货员,张秉贵把售卖工作的每一个环节都研究透、做到位,把商业售货服务变成了一种艺术,给人以享受。许多人把看张秉贵工作当成了一种享受。有一位拄着拐杖的老人经常来欣赏他售货,并对他说:"我是因病休息的人,每天来看看您站柜台的精神劲儿和为人民服务的热情劲儿,我的病也仿佛好了许多。"一位音乐家看他售货后说:"你的动作优美,富有节奏感,如果改成音乐,是非常动人的旋律。"那么,他是如何达到这种境界的呢?

张秉贵的服务主要靠以下10条来实现。

◆ **服务理念**。他说:"我们售货员的胸中要有一团火,温暖顾客的心,树立'完全''彻底'为人民服务的思想。"

◆ **本领过硬**。北京王府井百货大楼当时是全国最大的商业中心，客流量大，加之物资相对匮乏，顾客通常要排长队等候。为了减少顾客排队等候的时间，**张秉贵苦练售货技术和心算法，终于练就了"一抓准"和"一口清"的过硬本领**。所谓"一抓准"就是用斤两来计量糖果，在手握能及的数量范围内，从货柜里抓出来放到秤盘里，他抓一次就能准确地对应顾客的要求。所谓"一口清"就是品种不同、价格各异的糖果，不论顾客要多少品种、多少数量，顾客报完所要的品种和数量之后，他通过心算，马上就能说出这些糖果的价钱。

◆ **注意方法**。在售货实践中，他发明了"接一问二联系三"的工作方法，即在接待第一个顾客时，便问第二个顾客买什么，同时和第三个顾客打好招呼，做好准备。

◆ **提高效率**。在售货实践中，他将服务流程分为问、拿、称、包、算、收六个环节，并在每个环节上不断摸索，使接待一个顾客的时间从三四分钟减为一分钟。

◆ **研究消费者心理**。在服务实践中，他注意研究顾客的不同爱好和购买动机，揣摩他们的心理，以便更好地为顾客服务。

◆ **语言有亲和力和表现力**。为使说话亲切动人、言简意明，他自学了语言学，使自己在服务过程中语言表达更清楚，更具有亲和力。

◆ **胸怀全局，把事情当作事业来做**。他认为，"站柜台不单是经济工作，也是政治工作；不单是买与卖的关系，还是相互服务的关系。""一个营业员服务态度不好，外地人会说你那个城市服务态度不好，港澳同胞会感到祖国不温暖，外国人会说中华人民共和国不文明。我们真是工作平凡，岗位光荣，责任重大！"

精细化管理

◆ **注重仪表**。他不仅技术过硬，而且注重仪表，天天服装整洁，容光焕发。他坚持每周理发，每天刮胡子、换衬衣、擦皮鞋。他认为，"站柜台就得有个干净利落的精神劲儿，顾客见了才会高兴地买我们的东西。特别是我们卖食品的，如果不干不净，顾客就先倒了胃口，谁还会再买我们的东西啊！"

◆ **实事求是**。张秉贵强调工作技能的培养，却并不排斥标准器具在售货中的作用。他到重庆表演"一抓准"时已经65岁，不经常站柜台了。重庆糖果与北京糖果的种类、大小均不相同，他在表演抓五两、四两、三两、二两时，每次都是一抓准。在抓一两时有些误差，助手想悄悄地动动秤，给他留个面子。张秉贵制止了他，请他拿下一块糖，结果分量正好！张秉贵对台下的同行们说："准，不是绝对的。如果绝对准，那就不用秤了。我来表演，不是炫耀技巧，只是想说明熟能生巧，希望同志们苦练技术。不瞒大家说，我昨晚在宾馆还练过呢！"他的真诚赢来了更多的掌声。

◆ **持之以恒**。张秉贵从1955年11月到北京王府井百货大楼站柜台，30多年的时间接待顾客近400万人，除了刚工作的那一次外，没有跟顾客红过一次脸，吵过一次嘴，没有怠慢过任何一个人。

就是这样，张秉贵由内而外，通过眼神、语言、动作、表情、步伐、姿态等调动各个器官的功能，创造出一种艺术的境界，成为一种商业服务的典范。

可见，张秉贵所创造的这种售货服务的艺术境界，绝不是单一某个方面突出就可以达到的，而需要方方面面的协调配合，才能完成。就是说，成功取决于系统。我们主张实行精细化管理，就是在一个系统内，把工作流程、工作岗位细分成一个个不可再分的单元,在单元紧密衔接的基础上,在做好每一个单元上下功夫,把小事做细,把细事做透。

2. 学会系统地观察和思考问题

我们说管理是一项系统工程,所以在管理实践中,最重要的一点就是要学会系统地观察和思考问题。

2001年2月21日,中央电视台《新闻联播》节目播出了时任国家主席江泽民会见国际奥委会主办城市评估团的报道。关于这则报道的解说是正确的,但在播出的电视画面上,有一组不属于该报道的画面也被播了出来。《他改变了中国》一书中对此做了描述。

"今天下午我在同一间会议室有过两次会见——一次是应当报道的,另一次则不应报道。报道我接见奥委会主办城市评估团是完全可以上《新闻联播》的;另一次我见的是一位私人老朋友,我们是以朋友的身份在交谈,并非出于官方目的,虽然你们有关奥委会评估团来访的画外音一直都是正确的,但是镜头却搞混了,播的是我与老朋友进行私人会面的画面。其实这是我的疏忽,我不应在同一间会议室里两次会见外宾。""它看起来是件小事情,而且我估计奥委会评估团也不一定会注意到这个差错,但这么一个错误却反映了我们的专业精神和细心程度不够,不应再出现了。"

"我是一个工程师。每个人都会犯错误,但是工程师必须分析错误的起因。看看它是偶然出现的问题呢,还是由于疏忽,或是由生产线上的系统性错误而造成的问题。这三种情况要区别对待。如果是生产线上的问题,那就是一个必须解决的问题。请别太自

【精细化管理】

责,也别对你的手下大发雷霆。但必须确保晚上10点重播时的镜头是准确无误的。"

赵(化勇)很快发现了问题所在。摄像与编辑之间没有做任何交代,既没有书面的,也没有口头上的。江(泽民)是在下午4点进行会见的,摄像师们在完成拍摄任务之后就匆忙往回赶,直到6点之后才到中央电视台,编辑为了赶在晚上7点之前播出,就冲到剪辑室剪片子去了。摄像师们被告知,在没有另行通知的情况下,跟着江(泽民)拍摄就是了,于是他们就拍了两次会见的场景。由于每次会见镜头都不长,而且没有做好记号——同一天,同一地点,同一人(江主席)——一场混淆的差错就在剪辑室发生了。

制作电视节目与制造汽车是一样的,生产线上的各个环节进行良好沟通是非常关键的。他开始与赵谈起他与那位电子公司管理人员之间多年的友谊。

他最后说:"你看,这的确是我的疏忽。我在同一个地方会见两组外宾,把摄像师给弄糊涂了。"

"不,总书记,是我们的过错。这是工作系统出了事故。我个人要负责任并愿意接受处罚,我也会处罚那些负有直接责任的人。"

"请不要这么做",江嘱咐赵说,"你的记者、摄像师和编辑们工作都非常努力,只要鼓励他们努力工作,不断提高自身水平就行了。你看,我都没有给相关部门打电话。我想在你我之间把这个问题解决掉就行了。"

赵化勇后来回忆这出幕后戏时表示:"我明白江主席为什么要花这么多时间与我谈论与正事无关的事情。他是想让我在经过这次恼人的事情之后冷静下来,恢复我的信心。想想吧,国家主席亲自教导并安慰我,甚至不让我做出过度的反应,处罚我的手下。

我非常感动，这一幕我将没齿不忘。"

摄像记者与编辑之间的衔接不到位，即流程上衔接得不好，导致出现了电视节目中的错误。这里特别要强调的是，江泽民在查找错误的三个可能原因时，以资深工程师的管理思维，提出是否是"系统出了问题"。这正是我们所要强调的，要把问题放到系统中去检讨，去系统地观察和思考问题，这样才有助于最终解决问题。

3. 建立一套高效运行的系统

成功取决于系统。一个组织要想实现自己的目标，必须建立一套以目标为导向、以制度作保证、以文化为灵魂的组织系统。所以，管理者的一个重要任务，就是建立一个高效的、运行良好的系统。

每一个组织都有一套自己的运行系统，但每个系统的稳定性、运行效率等指标是大不相同的。万科集团的管理系统就有其特殊的魅力。有两件事可以表现出万科集团系统的魅力。

一是公司的运转靠制度和程序去推动，而不是依靠管理者个人。作为万科房地产公司的前董事长，王石可以一年内几个月不在公司，去进行自己喜欢的登山、飞伞等极限运动；而其他绝大部分房地产公司的董事长，不仅公司的业绩没能超过万科，而且很少能离开公司一段时间，更有甚者，一些公司的董事长在外地开一周的会都难，中途就得跑回公司处理事情。这表明，这些公司对最高管理者的依赖性特别强，公司的运转不是靠一套制度和程序，而是靠公司高层少数人去推动。

二是少数骨干人员的流动没有给万科带来震荡性的影响。这

几年离开万科的金牌经理人也不少,郭钧、林少洲、莫军这些人都曾经是万科的领军人物,但都已经先后离开了。但是万科的业务和发展速度不仅没有受到影响,而且还以每年30%以上的速度增长,2003年取得了总销售额63.8亿元这一足以傲视业内同行的业绩。

这就表明,万科的稳健成长,更多的是依赖于一套运行良好的、高效的系统,而不是依赖于公司的强势人物,尤其不是依赖于一个或几个知名管理者。正因为如此,位处国内房地产业第一方阵、年销售额近20亿元的万通地产公司老板冯仑说:"很多业内人士也低估了万科一整套系统的能量和价值。""如果单就管理水平来比较,万通的管理水平要比万科差3到5年。"冯仑在2003年初还写了一篇获得房地产界认可的专文《学习万科好榜样》,并在2003年10月至12月派万通的各个部门到万科总部对口学习。

所以,**要做好精细化管理,就必须从优化系统开始,否则就只能是头痛医头,脚痛医脚**。而系统设计的优化,要着眼于企业资源利用的最大化。精细化管理是企业整体的事,需要对企业流程体系做系统设计,整体资源协调配合。所以,我们如果进行精细化管理,首要的工作就是要考虑整体流程的各个衔接点、流程的配合,并实现各块资源的最优配置等细节的问题。

4. 理念优先于制度,制度重于技术

理念优先于制度,制度重于技术,这是建立组织系统必须遵守的原理。

理念相当于给一个组织系统安上了风向标。如果方向错了,那么组织系统的输出导向就是错误的,就会造成资源的巨大浪费。

相反，如果一个企业有了正确的理念，但没有一套相应的制度去保障这种理念的实现，就会使理念与系统脱节，最终损害这一系统。

制度是技术发挥其作用的保证，没有正确的运营制度，技术有时会成为工作效率和经营效益的障碍。一个良好的制度能够鼓励人们进行科学与技术的创新；相反，一个不良的制度会阻碍人们创新的积极性。所以，一个组织系统内部有着怎样的作为，制度在其中有着特殊的重要性。让我们来看一看古老的和尚分粥的故事。

有七个和尚住在一起，每餐共喝一桶粥。由于僧多粥少，难以满足每个人都吃饱的要求，怎么分配这桶粥就成了一个头疼的问题。

一开始，他们商量确定轮流分粥，每人负责一天。结果每周下来，他们只有一天是饱的，就是自己分粥的那一天——负责分粥的和尚有权力为自己多分一些粥。

大家对这种办法不满意，于是推选出一个公认的道德高尚的和尚负责分粥。权力导致腐败，大家开始挖空心思去讨好他、贿赂他，最终搞得整个小团体乌烟瘴气。

大家对这种办法也不满意，经商量后组成三人的分粥委员会及四人的评选委员会，结果互相攻击扯皮，粥吃到嘴里全是凉的。

最后大家又确定了一个方法：轮流分粥，但分粥的人要等其他人都挑完后吃剩下的最后一碗。结果为了不让自己吃到最少的，负责分粥的人都尽量分得平均，就算不平均，也只能认了。大家快快乐乐，和和气气，日子越过越好。

不同的制度会产生截然不同的结果。当然，上述这个故事是

【精细化管理】

个理想化的情节,因为当一个制度建立起来之后,不可能那么容易就会改变的,而且这个故事所说的制度改革只限于分配层面,还没有涉及生产、交换等其他层面。但这也足以说明了制度的重要性。

如果这个故事有其理想色彩的话,那么当代各国的管理实践会给我们很多启迪。

世界银行发表的《2005年投资环境》报告指出:多数欠发达国家因理念错误和制度不善而受损。

安哥拉禁止输出本国纸币。为了保证这一法律的实施,男女旅客必须分别在机场设立的两个毛玻璃小房间里排队接受搜身。结果在机场,警察可以明目张胆地搜乘客的皮夹、腰包和口袋,把所发现的本国货币全部收走,而不开一张收据。这种错误的规定导致了侵犯人权和鼓励警察贪婪的结果。

烦琐讨厌的手续几乎是所有贫困国家经济发展的主要障碍。例如,在海地注册成功一家新公司需要等203天,比在澳大利亚长201天。在埃塞俄比亚注册公司,业主必须在一个银行账户存入相当于18年收入的金额,然后这个账户就被冻结。而在全世界一些发达国家中,这种对资本的规定因被充分证明没有必要而取消。

在尼日利亚的商业都会拉各斯,登记一桩土地买卖须经21道手续,耗费274天;官方收取的手续费占地产交易价值的27%。而在挪威,完成此事用时不超过一天,费用仅占地产价格的2.5%。

在欠发达国家经商,管理费和手续费比发达国家分别高两倍和一倍。这导致了人们要遵守所有规定非常困难,所以在前者的企业往往采取非正式的形式,即始终保持小规模。企业也无法从官方的银行系统获得信贷，所以始终也做不大。人们实际上是在采取一切办法来规避法律，不受法律约束，使法律成为一纸空文。

上述这些情况，是因政府缺乏服务意识、服务理念或服务理念错误，而导致法律规定成为人们行为的绊脚石，大大妨碍了经济的发展。而**制度越令人厌恶，人们就越想通过其他方法免受其苦**。结果导致了社会风气败坏。

一些国家常常试图以法令提高国民的收入，如规定公司提高工资。但这种做法很少取得预期效果，因为如果最低工资定得过高，就业机会就会越少，反而蒙受最不想要的后果。在布基纳法索，夜班和周末工作受到禁止，要解雇一个人，雇主必须首先对此人进行再培训，安排他干另一份工作，还要付一笔相当于18个月工资的金额。由于这个原因，大部分的布基纳法索人现在仍是农民。

在土耳其，结婚的妇女可有一年时间考虑是否辞职，如果她决定辞职，雇主就必须付她一大笔解雇费。因此，公司一般雇用男子，只有16%的土耳其妇女有正式工作。这一旨在保护妇女等弱势群体的法律，反而限制了妇女的就业，影响了妇女地位的改善。

上述例子中的理念应该说是没什么错的，但由于制度设置错误，使这一套法律系统得到了与期望值相反的输出结果。

世界银行预估，如果一个管理最糟的国家迈进管理最佳者的行列，其年经济增长率会提高2.2个百分点。这就是制度带来的结果。

5. 僵化、优化、固化——保持系统的相对稳定性

中国大部分经济领域已经处于买方市场，企业的竞争已经由

精细化管理

单个产品层面扩大到整个系统规模及综合实力的层面。我们知道，在20世纪90年代，一个企业可以靠某个或某几个产品，运用广告等媒体宣传效应，实现公司利润的急剧增长和规模的迅速扩大，这是当时中央电视台"标王"广告诞生的背景。但是，随着经济的发展，**单靠某一点或某一方面的优势来带动企业发展的模式已经让位于通过完善系统和扩大规模来赢得市场竞争了**。所以，那些没有认识到这一点的企业，根本没有力量应付来自市场的冲击，三株、爱多、飞龙、秦池等一批曾一时强势的企业的落败，成了这种时代转换的标志。这时候，"木桶定理"发挥了作用：一个木桶装水的多少，不取决于最长的那块木板，而取决于最短的那块木板。

比如一个300~500人的制造企业，年销售额在1亿元~2亿元之间，那么这样的企业有多少块"木板"呢？产品结构及产品质量、技术含量或工艺标准以及技术创新、企业形象及品牌建设、广告和公共关系、价格政策和盈利模式、渠道建设及终端促销、客户关系及客户服务、供应链及物流管理、资金筹集及资金调度、会计和财务、组织结构及员工素质、员工福利和培训、环保和安全生产、决策层的眼光和洞察力、危机处理等至少都应该是木桶上的一块块木板，任何一块缺损都会阻碍企业的发展，甚至导致"短路"。

1926年成立于美国的麦肯锡公司，是国际领先的管理咨询公司，业务网络遍及全球，在43个国家拥有82家分公司，近9000名员工，全球500强公司中的一半以上是它的客户。麦肯锡为全球最大的200家公司中的147家提供咨询服务，这些公司包括120家金融服务龙头企业中的80家，11家最大的化学制品公司中的9家和 22 家最大的医疗保健品企业中的 15 家，与 400 多家客户拥有长达 15 年之久的合作。这家被美国《财富》杂志誉为"世界上最著名、最严守秘密、最有名望、最富有成效、最值得信赖和最令人仰慕"的企业咨询公司，却在与王府井百货、乐百氏、实达电脑以及康佳集团等知名企业的合作中连遭败绩。

由麦肯锡"洋咨询不服水土"引申出了一个问题：一方面是国际性的大公司都有一个本土化的问题，另一方面，是本土企业走向国际，与国际接轨的问题。在系统不能实现目标时如何改进系统？每一个系统都会通过一些细节性的错误来反映系统内的问题，如果这些问题是在系统范围内的，那么这些细节错误是可以容忍的，只要加以改进即可，万不可贸然更换系统。只有在细节错误的数量超过了系统可容纳时，才应该考虑更换系统；同时，更换系统还有一个系统控制问题，即操作者是否有能力来操控系统。上述那几家企业整改没有成功，都是与贸然更换系统有关。

在这方面，华为总裁任正非提出过一个有名的理论：**在引进新管理体系的时候，要先僵化，后优化，再固化**。任正非在公司干部会上曾说："5 年之内不许你们幼稚创新，顾问们说什么、用什么样的方法，即便认为他不合理也不许你们动。5 年之后，把人家的系统用好了，我可以授权你们进行局部的改动。至于进行结构性改动，那是 10 年之后的事情。"即一个系统建立起来后，首先要僵化，即要对维持系统有效运行的规则僵化地、不折不扣地执行。在《细节决定成败》一书中，我们曾说："**我们绝不缺少雄韬伟略的战略家，缺少的是精益求精的执行者；绝不缺少各类管理制度，缺少的是对规章条款不折不扣的执行。**"聪明不应该被用来怎么绕过、修改或破坏规则，或者自己制定规则，把规

第二部分 把握精细化管理

【精细化管理】

则当作一种工具，用来约束别人，而把自己当作一个享有豁免权的人独立于规则之外，不受规则的约束。关于规则问题，我们在后面有关如何做好管理的内容中，还会专门论述。

在管理中，人情味太浓，人们在处理问题的时候就会以情、理、法的顺序来考量，而不是以法、理、情的顺序来对待。而所谓讲人情，就是要让规则退后，使其让位于人情。久而久之，一些管理规则就形同虚设，结果是一个个细微的错误逐渐累积，其破坏作用也逐渐累积，最终导致灾难性事故的发生，甚至组织系统的毁灭。

所以，在企业管理的初期阶段，僵化是必不可少的过程。只有经过这一过程，使员工有了规则意识之后，才能使系统保持着一种稳定的运行状态。之后，就可以在组织内部就存在的问题进行某一个系统的改进，这就是"优化"。

在不断优化系统的过程中，经过不断改进，在现有的系统内某一个程序或某一个环节可以达到最佳状态，即实现了我们所说的效率最大化。这一经过多次反复实践证明的东西，我们可以以一定的方式将其固定下来，这就是"固化"。如果系统没有调整，那么这些固化的东西就可以千百次不断地重复使用。

> 在管理、竞争力、技术上领先，运营模式甘为人后。
>
> ——慧聪国际总裁　郭凡生

三、数据化——精细见于数据

1. 标准数据化

产品标准、工艺保证标准是管理中硬性的要求,是我们管理中必须适应和保证的标准,不作为本节研究的重点,此处我们只说明作业质量标准的应用与意义。

作业是指企业经营的所有操作过程,作业质量是指作业效率、合格率、效果的评定,作业质量标准就是对作业过程需要达到程度的要求。

（1）使任务目标明确化的手段,MBO 数字化目标管理。

一个刚刚上任的医药企业总裁在检查企业的目标时,发现该企业的目标依然是传统的表述方式,用一些模糊的概念来表述目标,比如"与客户保持密切的联系""定期检查绩效"等。总裁认为,这样的表述很难与实际工作计划和激励考核连接起来,是与管理、控制的目标脱节的,因为只有量化、分解的目标才能给团队提供明确的指针,企业内的组织与个人才会知道他们应该做什么,不应该做什么,做到怎样才是合格,做到怎样才是优秀。于是这位总裁号召企业的每位员工找出 10 个以内的关键改变,并且为自己

精细化管理

将要改变的工作设定具体的、量化的目标，比如说"在合同批准后2周内提交项目预算""交付项目的总支出不得超出预算的3%"等，这样每个员工都清楚自己工作要达成的目标，也清楚了要遵守的原则，企业的作业效率才会得到极大的提高。

MBO目标管理概念，早在20世纪50年代由著名的管理学家彼得·F·德鲁克在《管理实践》提出。他提供了一种方法，将企业的整体目标转换成组织单元、组织成员的目标体系，目标层级结构如图2-3-1所示。

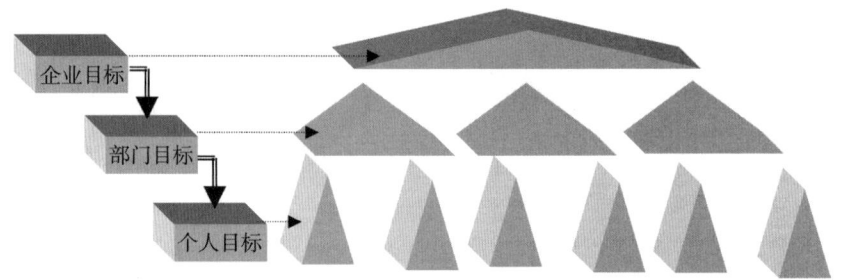

图 2-3-1　目标层级结构

MBO目标分解有4个要素：明确目标、参与决策、规定期限、反馈绩效。

明确目标：目标要简明扼要，要具体化，要定量化，仅仅说"我们追求成本降低""我们近期的工作是改进生产效率""我们要狠抓质量不放松"等话，只代表工作方向、阶段性工作的重点，但是这种任务要求怎样落实到具体工作中去，大多数领导没有细化、量化，所以提出的目标往往流于形式，不了了之。

MBO要求这样表述自己的目标："在今年我们的成本要降低10%。""我们计划用两年的时间，把生产效率提高12%。""我们用3年的时间，把产品的合格率提高到99.999967%。"

参与决策：因为 MBO 将目标明确为可测量的标准，所以要分解到组织内部的各个执行部门及其组织内的各个工作成员，变成他们的具体任务要求及其作业指标，所以要全员参与决策，以便分析清楚组织内部的资源情况、能力条件，以及本部门、本部门的员工为完成总体目标，应该承担的目标是什么，及其是否有能力承担等。

规定期限：企业活动不是春游，对于何时实现目标，必须有明确的说明，如"一个月内""一年内"等。

绩效反馈：MBO 计划的督导过程就是绩效反馈，MBO 要求把实现目标的进展、进度情况反馈给个人，便于他们调整行动，与 MBO 协调共进。MBO 绩效反馈一般利用正式的评估会的方式，利用上下级的交流方式共同回顾和检查进展情况。

（2）提高作业质量与效率的工具，TQM 的基准化办法。

我们处在一个竞争的社会，别人的进步，就意味着我们的落后。"物竞天择，适者生存"，这是市场经济的不二法则。一个企业要时刻注意同行业的进步情况，要知道别人的质量标准进展情况、生产效率提高情况、成本控制情况，然后把它们作为本企业的最低执行标准，以便赶超其他企业，处于领先地位。这个最低标准就是基准化。

施乐公司早在 1979 年就率先在美国企业界推行基准化，被公认为美国第一家推行基准化的公司。当时施乐公司为了弄清楚日本制造商为什么能够以低于施乐公司的成本价格在美国市场上销售中型复印机，于是派出一个小组赴日本企业考察，仔细研究日本竞争对手的成本控制和生产过程。他们的大多数信息是从施乐公司与富士公司的合资企业（Fuji-xerox）中得到的。考察小组发

现，日本竞争对手在效率方面遥遥领先于自己。施乐公司于是着手将各种效率指标基准化，这便标志着施乐公司开始恢复它在复印机领域中的地位。除了施乐公司，像 AT&T 公司、杜邦公司、福特汽车公司、伊斯曼－柯达公司、摩托罗拉公司等许多公司，都用基准化作为寻求质量改进的标准工具。

福特汽车公司在 20 世纪 80 年代初期开发金牛座（Taurus）轿车时，就运用了基准化方法，取得了极大成功。公司列出了 400 多个顾客认为最重要的性能指标，然后按照达到或超过竞争对手相应指标的最佳水平的要求，确定这些性能指标的基准水平。最后按基准化要求设计和制造出性能优越的金牛座轿车。当金牛座轿车 1992 年进行现代化换型时，福特汽车公司又将所有的性能指标再次基准化。例如，门把手是对照雪佛莱汽车公司（Chevrolet）的 Lumina 牌轿车基准化的；简易更换式尾灯灯泡是对照日产汽车公司（Nissan）的 Maxima 牌轿车基准化的；而翻转式方向盘是对照本田汽车公司（Honda）的 Accord 轿车基准化的。

基准化过程有以下 4 个步骤。

第一，成立基准化计划小组，小组的任务是确定什么应当基准化，竞争对手是谁，怎样收集数据。

第二，收集内部的作业数据和竞争者的数据。

第三，分析数据，找出绩效的差距并确定是什么原因造成了这些差距。

第四，制订和实施改进计划，最终达到或超过竞争者的标准。

（3）提高作业合格率的控制方法，六西格玛管理体系。

进入 20 世纪 90 年代以后，全球的市场竞争日益激烈，这在客观上要求企业必须提高产品质量和管理效率。在这样的背景下，摩托罗拉公司在1993年率先提出六西格玛管理（6 Sigma）模式，并在企业中推行。自从采取六西格玛管理后，公司平均每年提高生产率12.3%，因质量缺陷造成的损失减少了84%，摩托罗拉公司因此取得了巨大的成功，成为世界著名跨国公司，并于1998年获得美国鲍德里奇国家质量管理奖。1995年，美国通用电气公司（GE）引入了六西格玛管理模式，由此所产生的效益每年呈加速度递增：每年节省的成本为1997年3亿美元、1998年7.5亿美元、1999年15亿美元；利润率从1995年的13.6%提升到1998年的16.7%。六西格玛管理模式从此声名大振。GE的总裁韦尔奇因此说："六西格玛是GE历史上最重要、最有价值、最赢利的事业。我们的目标是成为一个六西格玛公司,这将意味着公司的产品、服务、交易零缺陷。"

　　有很多六西格玛的书，但多数让人看不明白。其实它可以用三句话说清楚：六西格玛是统计学名词；它指百万分之三点四的概率；管理理论旨在提高管理效益，以使工作更为精确。

　　六西格玛管理体系的目的就是不断提高产品的合格率，使次品率降到百万分之几的等级上，大多数公司仅仅操作在3~4个西格玛的层次上（66800~6210个误差/百万）。每增加一个西格玛层次，缺陷率减少一个几何级数，产品若达到这种质量，其质量成本占所损失的收入的10%~15%。摩托罗拉公司是六西格玛的发源地，当它达到5.6个西格玛水平（20个误差/百万）时，其节省下来的费用已达110亿美元，其全球的生产力翻了三番。大多数商业航空公司的安全程序都达到6个西格玛水平。据估计，GE在开始实施六西格玛时期只有3个西格玛水平，22个月以后，达到了3.5个西格玛（22700误差/百万）。

六西格玛可以按照以下步骤实施。

定义：陈述问题，确定改进目标，规划项目资源，制订进度计划；

测量：量化客户 CTQ，收集数据，了解现有质量水平；

分析：分析数据，找到影响质量的少数几个关键因素；

改进：针对关键因素确立最佳改进方案；

控制：采取措施以维持改进的结果。

六西格玛使用的多数为数理化分析工具，有过程图、控制图、鱼骨图、历史资料统计图、流程控制图、x 图、p 图、平均图、柏拉图、平均值图、分布图、柱状图、专家排名表、专家评估表、突破瓶颈流程图、团队宪章、gatt 图、缺失模式分析图、利弊分析图、标准差分析图。

2. 规划数据化

（1）甘特图。

1）甘特图由来与意义。

亨利·劳伦斯·甘特是科学管理创始人泰勒多年的同事，1893—1901 年之间，他们共同为贝瑟利恩钢铁公司进行咨询工作时，发明了生产计划调度图，管理学称这些图表为甘特图。甘特图使作业计划、控制过程实现了简明化、明确化、精细化，极大地提高了作业过程的管理效率，至今西方企业依然采用甘特图控制其生产调度过程与项目作业过程。

1929 年，美国机械工程师学会同美国管理学会（后改为美国管理协会）决定设立甘特金质奖章，授予"在工业管理方面对社会做出优异成绩的人"，并授予已故的甘特第一枚金质奖章。

甘特图,即作业计划进度控制图,对作业控制提出了以下要求。

◆ 调度必须以作业计划为依据。

◆ 作业调度必须高度集中和统一。

◆ 作业调度以预防工作为主。

◆ 作业调度工作要从实际出发。

◆ 必须健全作业调度工作。

◆ 必须健全作业核算。

图书编辑发行甘特图如图 2-3-2 所示。

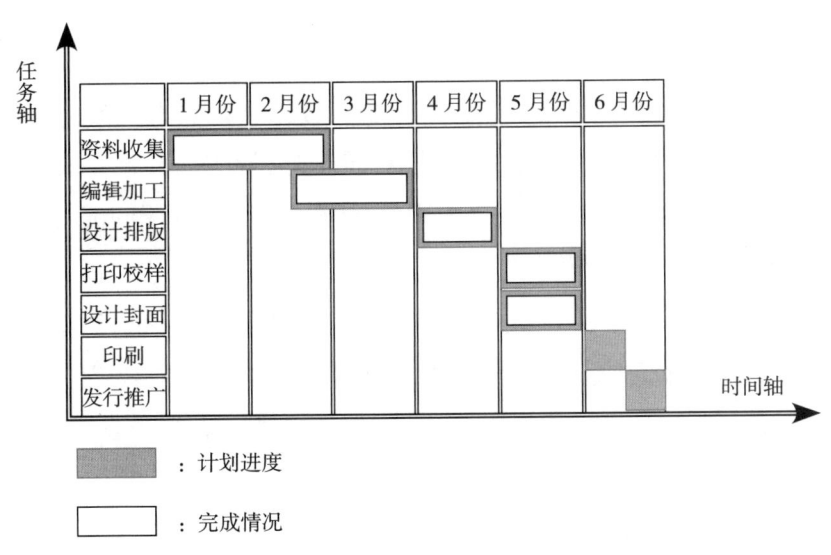

图 2-3-2　图书编辑发行甘特图

2)甘特图作用注释。

甘特图的中心思想是用二维坐标反映两相进度,已达到过程数据化控制的目的。

二维坐标:横坐标代表时间轴,单位可以是年、月、日、小时、分、秒。纵坐标代表为达到目标所需要进行的任务类项。

坐标系内反映的是各项串行任务或并行任务的实现过程。

两相进度：一相为任务计划进度相，另一相为任务完成进度相。两相进度同时在一个坐标系内反映，计划进度相为背景图，完成进度相为实时标注图。

甘特图有两个作用：一是哪类任务何时开始，此项任务何时结束；二是整体任务实际进展怎么样，并且参照预期进度进行以下决策，是提前或延后达到目标时间，还是调配资源加强某一类相任务的力量，以保证任务过程协调地运行。

（2）甘特图演化——负荷图。

1）负荷图的意义。

甘特图对于分解任务步骤和控制任务实现过程有较强的工具性作用，但是在计划实施的过程中，管理的资源怎样调配呢？负荷图就是用来沿时间轴线分配资源的直观图，是甘特图的演绎版。

图2-3-3是一个负荷图，它显示了甲、乙、丙、丁、戊、己六个人对同一个任务——精细化管理研究任务的各自承担的工作量在时间轴上的反映，此图可以直观地反映何人何时有空暇，以便管理者安排此人在何时承担其他任务，这样就会有效地利用资源，避免资源闲置，极大地提高系统运行效率。

2）负荷图应用注释。

一个负荷图只反映一项任务的分配情况，并且把执行任务的人或设备按执行时间长度列表。

列出一定期间内所有任务分配的负荷图后，根据所有的负荷图，检查同一个人或同一个设备在执行多个任务时，在时间长度上的重叠状况，若重叠说明任务分配不合理，若是任务间有间隙，说明有资源闲置。

	第1周	第2周	第3周	第4周	第5周
研究人：甲					
研究人：乙					
研究人：丙					
研究人：丁					
研究人：戊					
研究人：己					

图 2-3-3 精细化管理研究任务负荷图

负荷图有四个作用：一是发现闲置资源，二是有效地分配资源，三是合理地分配资源，四是提高系统的运转效率。

3）甘特图与负荷图实用程序见（见附录5）。

（3）PERT网络分析。

1）PERT网络技术由来。

如果同一项目下任务类项较少，而且各个任务类项相互独立，甘特图或负荷图则是有效简明的计划控制工具，但是如果计划控制大型项目该使用何种工具呢？这种工具就是PERT网络分析。

PERT真实名称为计划评审技术（Program Evaluation and Rview Technique），是最初在20世纪50年代美国开发北极星潜艇时，军方开发出的一种项目管理计划评审方法。当时军方需要协调3000多个承包商与研发机构共同工作，要计划安排超10000个任务的有序开展，其管理的复杂性可想而知。美国军方应用了PERT网络技术，保证了项目有序协调地进行，并且比预计时间提前2年完成了项目开发任务。

2）PERT 网络技术注释。

PERT 网络技术类似于流程图的箭线图，它描绘了各个任务活动的先后顺序，并且表明了各个任务活动所需的时间或成本。建立 PERT 网络，第一步要确定项目包含哪些任务；第二步确定完成每一项任务所需要的时间或成本；第三步确定执行过程中各项任务可能的连接顺序，形成各种执行方案；第四步评估各个方案的优劣，包括时间长度、成本高低、瓶颈环节等问题。

PERT 网络技术包括三个概念。

事件（Events）：任务活动结束的那一刻为一个事件。

近前事件：在时间顺序上，某个事件的前面最近的一个事件。

活动 (Activities)：从一个事件到另一个事件的过程，即任务过程。

关键路线 (Critical path)：PERT 网络技术中花费时间最长的事件及其活动串联起来的序列。

PERT 网络建立分为五步。

第一步，分析确定项目开展必须要进行的每一个活动，并且把活动结束命名为一个事件，用 A、B、C、D……X、Y、Z 代表各个事件。

第二步，确定各个活动的先后顺序。

第三步，绘制 PERT 网络图，从起点到终点，用圆圈表示节点，代表事件，用箭头表示过程，代表活动，结果得到一个流程图，就是 PERT 网络图。

第四步，估计每项活动完成的时间，以"三个估计"确定活动最可能的完成时间：第一个估计叫作乐观时间，用 T_O 表示；第二个估计为最可能的时间，用 T_m 表示；第三个估计为最差条件下活动可能完成的时间，用 Tp 表示。则期望活动完成时间（Te）的计算公式如下。

$$T_e = \frac{T_0 + 4T_m + T_p}{6}$$

第五步，确定关键路线。沿任务执行的流程图，即 PERT 网络图，从开始到结束找出连续的一条线，这条线的时间总和最大，它就是关键路线。关键路线上没有松弛时间，任何一个活动延迟都会推延整个计划的实现周期。

以下是 PERT 网络技术应用举例。

一家货运公司，因为市场混乱造成利润下降，公司上层出台两项策略：一是降低本公司司机的流动比率，二是减少本公司的卡车数量，雇用更多的个体货主承担零散的业务。夏主任受命负责落实此项工作，他利用 PERT 技术规划执行过程（活动的先后顺序参见表 2-3-1，各项活动的时间估计见表 2-3-2）。

夏主任把工作分成以下任务。

①制定降低本公司司机流动率的措施。

◆ 为司机制定终端站设施标准（饭菜、淋浴、停车场）。

◆ 实施终端站设施标准。

◆ 制订柴油采购计划。

◆ 实施柴油采购计划。

②招聘必要数量的个体业主。

◆ 刊登招聘广告。

◆ 设立奖金制度，鼓励员工推荐新的个体业主。

◆ 修改程序，训练办事人员与新的个体业主签订合同。

表 2-3-1 活动的先后顺序

活动	紧前活动
A：制定终端站设施标准	——
C：制订柴油采购计划	——
B：实施终端站设施标准	A
D：实施柴油采购计划	C
E：设立奖金制度	B，D
F：刊登招聘广告	B，D
G：与个体业主签订合同	F，E

表 2-3-2 各项活动的时间估计 （单位：周）

活动	乐观时间	最可能时间	悲观时间	期望时间
A	2.5	6.5	7.5	6.8
B	13	22.4	27.7	21.7
C	1.5	5	6	5.3
D	5	6.5	12	8.3
E	3	6	7	6.3
F	0.5	2.5	3.5	2.8
G	5	7	8	7.3

◆ PERT 网络图（见图 2-3-4）制作。

C、D、E、G 为关键路径，项目作业总时间为 43.6 周。

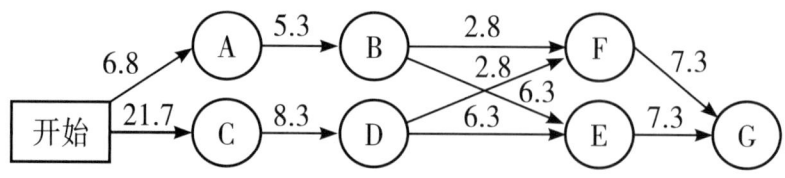

图 2-3-4 PERT 网络图

分析关键路径上各项活动的时间，找出可以压缩时间的活动类项，以期达到作业总时间的减少，提高作业效率。

（4）保本点销量。

1）保本点销量由来与概念。

作为一个管理者或投资者，在每一个计划年度内或每一个项目投资前，都想知道他的固定费用支出能否获得回收，他的产品或服务销售出多少个单位后盈亏正好平衡；他还想知道某项产品的获利能力如何，是否需要淘汰、是否进行价格调整，保本点销量公式可以回答以上问题。

保本点销量公式如下。

$$BE = \frac{TFC}{P-VC}$$

公式中 BE 代表产品或服务的保本点销量；TFC 代表一定时间内或会计期内，经营某项产品或服务的固定成本摊销，一般包括固定资产折旧、管理费用预算、宣传推广费用预算在本产品或服务项目上的摊销；P 代表产品或服务的销售价格；VC 代表可变成本，包括每一产品或服务包含的材料成本、计件工资成本、能源成本等费用。

保本点销量公式的含义如下。

当产品或服务的价格大于可变成本时，存在一个销量水平，此时销售收入正好等于成本支出。

保本点销量乘以产品价格和可变成本之差，等于固定成本。

2）保本点销量应用举例与注释。

一个纯净水生产厂家，每年的固定成本为 88 万元，每瓶纯净水的可变成本 0.76 元，批发价格为 0.98 元，求厂家的保本点销量。

$$BE = \frac{TFC}{P-VC} = \frac{880000}{0.98-0.76} = 4000000（瓶）$$

此厂家需要销售 400 万瓶才可以盈亏平衡。

图 2-3-5 直观地反映了保本点销量分析。

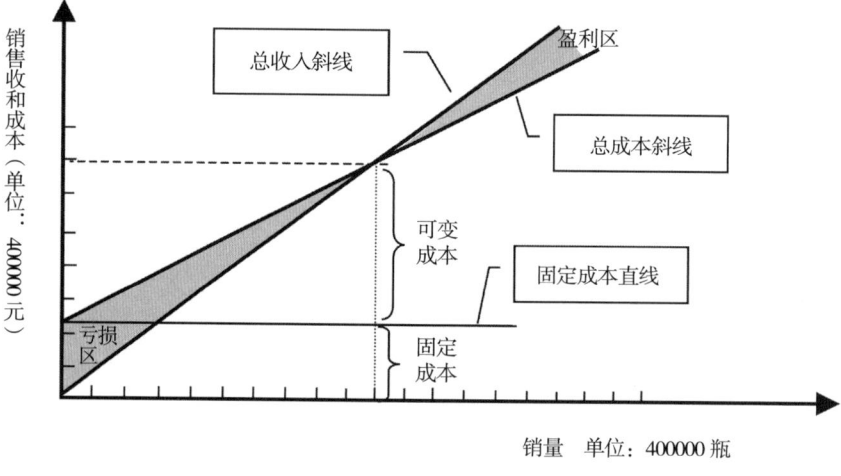

图 2-3-5　保本点销量分析

◆ 盈亏平衡点在哪里，此时销量是多少，销售收入是多少？

◆ 随着销量的增加或者减少，盈与亏的情况如何？

◆ 结合市场销量预测，判断产品是加大产量还是退出市场，如果市场预期占有率小于保本点销量，此产品应该考虑退出市场。

3）保本点销量公式在销售计划中的应用。

在企业中，一般销售计划只确立了全年的目标，对于各个月份的销售目标一般比较含糊，多数情况下，销售经理们只把全年销售目标平摊到各个月份当中去，用算术的平均数的概念来制定各个月的销售目标。这种办法与市场规律出入较大，不利于精细化管理的深入。

那么怎样做，销售计划才能与市场规律符合呢？用保本点销量公式的演绎形式，可以精确计算出每月最低保证销量，据此制订月销售计划更加客观。

任何产品或服务，其市场都有一个波动周期（见图2-3-6），如果简单地把固定成本平摊到会计期的各个月份中，各个月份的盈亏平衡点就很难与客观情况一致，实际销售量与财务控制就很难连接起来，不利于按照销售规律安排财务计划。

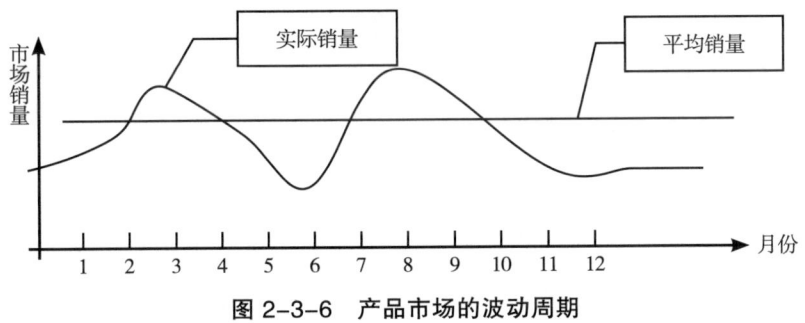

图 2-3-6　产品市场的波动周期

如果把固定成本按市场规律加权摊销到各个月份当中去，然后利用保本点销量公式计算出各个月份的保本点销量，并且根据本月的保本点销量制定本月的目标销量，这样就会形成符合市场规律的销售计划，那么据此安排营销工作步骤与分配营销资源就会更加符合市场销售规律。

图 2-3-6 为某种产品市场的销量波动图，根据平均销量直线与实际销量曲线，博士德研究机构计算出了一组加权数值，市场销量加权表如表 2-3-3 所示。

表 2-3-3　市场销量加权表

月份	1月	2月	3月	4月	5月	6月	7月	8月	9月	10月	11月	12月
加权数	0.80	1.00	1.43	1.13	0.88	0.48	1.05	1.55	1.32	1.00	0.65	0.71

如果本行业某个企业的全年固定费用为 1500 万元，产品批发

均价 120 元/件，可变成本为 105 元/件，那么我们就得到一组各个月份的保本点销量数值，便于销售部门编制客观的销售计划（见表 2-3-4）。

表 2-3-4　各月份保本点销量数值

月份	1月	2月	3月	4月	5月	6月	7月	8月	9月	10月	11月	12月
销售量	8	10	14.3	11.3	8.8	4.8	10.5	15.5	13.2	10	6.5	7.1
销售额	960	1200	1716	1356	1056	576	1260	1860	1584	1200	780	852

单位：销售量为万件，销售额为万元

根据表 2-3-4，销售经理就能科学地制订销售的宣传推广计划和资源分配计划，也能够较好地检查销售过程。

博士德研究机构正在构建一个拟合的加权模型，对于没有历史数据的企业，参考此模型，可以制定出每月的保本点销量，以便控制销售节奏，分配销售资源。加权模型如下。

$$\eta = 1 + \sin(\omega \times t)$$

η 代表加权数，t 代表时间，ω 代表销售周期波的速率。

那么每月保本销售销售量函数如下。

$$BEt = \frac{(1 + \sin(\omega \times t)) \times TFC \div 12}{-VC}$$

BEt 代表各个月最低销售量，以上两等式在多次拟合计算中效果很好，也希望学术界来共同探讨本公式客观机理。

对于存有销售历史资料的企业，加权系数的计算公式如下。

$$\eta = \frac{某月销售额 \times 12}{总销售额}$$

4）保本点销量的实用程序（见附录6）。

（5）线性规划。

线性规划是解决如何分配有限资源以获得最大利益的问题。例如：一家生产汽车的厂家只生产卡车与客车两种汽车，两种汽车都可以卖掉，但是，因为能力所限不能无限制生产，两种车生产的工时不等，利润不等，那么怎样搭配生产，利润会最大化呢？这就是线性规划解决的问题。

线性规划可以解决广告资源的分配问题、人力资源的分配问题、有限生产资源的分配问题。

下面我们举个实例来看看线性规划是怎样应用的。汽车厂工时分配一览表如表见2-3-5所示。

表2-3-5 汽车厂工时分配一览表

部门	每辆汽车生产需要的工时（小时）		每月总工时（小时）
	客车	卡车	
制造	40	20	120000
装配	20	20	96000
利润（万元）	30	18	

设B代表客车产量，T代表卡车产量。

Max=30×B+18×T

400×B+200×T ≤ 120000

200×B+200×T ≤ 96000

B ≥ 0

T ≥ 0

当客车生产1200辆、卡车生产3600辆时，利润最大为

100800万元。

两种汽车产量与利润最大化关系图如图2-3-7所示。有颜色的区域为两种汽车产量可行的搭配区域，B点是利润最大化搭配。

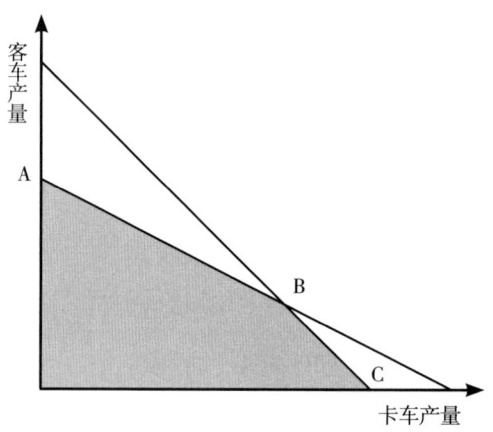

图2-3-7　两种汽车产量与利润最大化关系图

（6）边际分析。

边际分析是经济学经常使用的方法，经济学上认为订单的增加并不一定带来利润，可能带来成本的非线性增大，有时不仅带不来利润，可能还会带来损失，如著名的边际收益递减规律就是说明收益规律不是按递增曲线上升的，有时收益曲线是递减的，当收益曲线递减到0后，增加订单就会产生亏损。如果考虑到机会成本因素，在产生亏损之前就应该停止接受订单，因为最后几份订单投入的成本收益很低，远远小于其他项目的投资，可能还小于银行利息，所以要在边际收益等于0之前停止增加订单。

（7）采购与库存控制模型。

有一个关于最优订货数量的方法叫作经济订货批量模型（英

文简写为 EOQ）。经济订货批量模型考虑了 4 个影响因素：采购费用（含采购价格、运输费用、折扣）、订货费用（含文书工作、附加工作、货物检查及其他处理费用）、保管费用（与库存、存储、保险、税收等有关的费用）、缺货费用（因缺货失去订单引起的利润损失、信誉费用及其他催促迟到货物的费用）。

订货中的 4 项费用有较强的数理关系。订货数量大，平均库存量增加、保管费用也随之升高，但是订货费用较少，缺货损失也较少。订货量少，库存保管费用少，但是订货费用增加，缺货损失增加，在这种制约限制环境中，存在一种最佳的安排，这就是经济订货批量，用 EOQ 公式可以解得。

设 D 代表一定时期内物品的预期需求量；OC 代表每次订货的费用；V 代表物品的价值或购买价；CC 表示占全部库存物品价值的保管费用率。我们现在可以推导出标准的 EOQ 计算公式并说明其用法。

$$EOQ = [2 \times D \times OC \div (V \times CC)]^{1/2}$$

举一个例子。乐高电器公司是一家经营高品质声像设备的零售商，他们准备采购丽声组合音响系统，想确定其经济订货批量。公司预测每年的销售量为 4000 件，每件系统购买价为 500 元。会计人员估计每次订货费用为 75 元。每年的保险费、税费和其他保管费用为音响系统价值的 20%。用 EOQ 公式和上述数据，我们可以得到如下结果。

$$EOQ = [2 \times 4000 \times 75 \div (500 \times 0.2)]^{1/2} \approx 78(件)$$

EOQ 模型建议乐高电器公司的管理者最经济的订货批量约为 78 件。换句话说，他们一年约需订货 52 次（4000÷78 ≈ 52）。

年订货总成本如表2-3-6所示。

表2-3-6　年订货总成本　　　　　　　　　　　单位：元

采购费用：500×4000	2000000
保管费用：78/2×500×0.20 （平均库存量 × 单件价值 × 保管费用率）	3900
订货成本：52×75 （订货次数 × 每次订货费用）	3900
总成本：	2007800

如果乐高电器公司每次订货的最小数量是120件，丽声公司将给予5%的采购折扣，将又会有什么变化呢？乐高电器公司的管理者购买批量应为78件还是120件？

如果享有5%的折扣时，订货120件，单件成本次为475元。这时的年库存成本如表2-3-7所示。

表2-3-7　年库存成本　　　　　　　　　　　单位：元

采购费用：475×4000	1900000
保管费用：120/2×475×0.20	5700
订货成本：4000/120×75	2500
总成本：	1908200

上述计算结果表明，乐高公司的管理者应选择要5%折扣的方案，即使不得不增加库存量也要选择，因为每年可以节省近100000元。

3. 数据化记录与分析

数据化记录是企业的成长"日记"，也是企业运行中的"黑匣子"。企业不仅仅可以在其中找到行进的足迹，更可能在其中找到自身管理的问题，以便分析总结，修正自己的目标、计划，达到基业长青。

数据化记录要坚持三项原则。

（1）原始数据原则。

真实与完整地保存企业经营过程中的数据，以便让管理者在分析历史数据过程中找到经营管理中的问题，提出改善措施。

我们知道，**解决问题需要四个基础：①确立观念；②收集信息；③逻辑分析；④使用专业工具**。大多数管理者逻辑分析能力、专业工具的使用能力并不欠缺，非但如此，有些人此方面还相当优秀，但是为什么很多优秀的管理者没有搞好企业呢？或者不如土生土长、知识结构贫乏的老板呢？关键的问题是观念与企业实际脱轨，或者行业信息、企业信息、需求信息掌握得不够全面造成的。很多优秀的管理专家拿不出解决实际问题的方案，开不出对症的"药方"，不是专业知识不够，常常是对企业缺乏全景式的了解造成的。

打个比喻：逻辑分析与专业工具（管理知识的专业工具）相当于一个加工设备，可以比作一个面包机，观念是一种面粉识别器，信息代表各种粮食，面包机有老旧的、精良的、全自动的，它们只有效率和加工质量的差别，都可以生产面包，面包机只有用面粉才可以加工成面包。没有面粉，再好的面包机也不能加工出面包。经营者需要优良的"面包机"，也要给"面包机"提供丰富的"面粉"。从这个角度讲，企业的历史数据对于管理者相当重要。

中国的民营企业家热衷于聘请高素质人才，但是大多数民营企业不喜欢留存历史记录，也不希望职业经理人了解企业真实的财务数据、销售数据、生产数据，这样，职业经理人只能雾里看花地提出一些方案，而不是踏踏实实地分析和解决问题。因此，职业经理人的作用并没有得到充分的发挥。

从这一点上讲，企业的原始数据就像病历一样，对于诊断非常重要。

（2）归纳分析原则。

一堆无序的数据相当于垃圾，整理成有序的数据就可以说明问题、反映问题。数据归纳分析原则一般有以下几种方法：考核期数字合并、同类项数字合并、时间轴曲线、二维坐标比较。

考核期合并：在一定时间周期内，我们要检查业绩，需要累加各个期间的工作成果，即考核期合并，比如"2005年春季江西地区××产品的销售额是多少"。

同类项合并：设定要考察对象的标准，以此标准细分对象，统计各个对象的合计量。例如各种产品的销量，各个片区的销量，各个业务员的业绩等。

时间轴曲线：以时间运动为横坐标，以统计对象为纵坐标，画出统计对象的运动规律，以便预测趋势。

二维坐标比较：以分类对象为横坐标，以分类对象统计数字为纵坐标，做出类项之间的比较图，如各种产品的销量对比图。

（3）链接分析原则。

孤立地看待某一项数据会得到盲人摸象的结论，也会得出杞人忧天的判断；全方位地观察数据，虽然可以对事物有一个整体的认识，但是可能陷于只知其表不知其里的困境；全方位地解剖分析数据才能够知其然亦知其所以然，驾驭事物的发展。这就需要把相关数据放到一起来分析，即链接数据分析。

链接分析原则有三步：建立链接分析表，分析链接项的符合关系，找出问题。

链接分析表（博士德研究机构提供）如表2-3-8所示。

表2-3-8　链接分析表

	市场	竞争	目标	计划	执行
市场			▲		§
竞争			§		§
目标				▲	
计划					▲
执行			&	&	

链接分析表注释：

纵轴项目代表影响因素，横轴项目代表被影响因素。

▲代表直接影响，§代表间接影响，&代表反馈影响。

链接分析表帮助企业找出何种项目之间有关系，何种项目之间没有关系或关联不大，以及关系类型是什么。

> 一种科学只有在成功地运用数学时，才算达到真正完善的地步。
>
> ——（德）马克思

【精细化管理】

四、信息化——精细离不开高科技

20世纪90年代中期,联想集团生产电脑时采用的是大计划、大采购、大推销的企业推动模式,年库存周转率只有1.7次,非材料成本的费用高达20%以上,积压损失高达5%。

1998年联想集团全年财务结算时发现少计入2700万元的辅料成本,主要原因是这部分辅料成本计入在线存货,而没有计入当期的各个产成品上去,不断积累的辅料库存在年终才被发现。

为了提高管理效率,联想集团强化信息化管理,加大信息化建设方面的投入,花1.5亿元上ERP(企业资源管理)系统,花1亿元上SCM(现代物流与供应链管理)系统……同时,通过深入贯彻在个性化服务的基础上实现全程精细化管理的策略,提高管理效率,库存周转期、应收/应付账周转期等经营数据明显缩短。

联想集团与IBM合作前,在全球有44个独立核算单位,每个月有2万个订单、20多亿元的营业额、4000多笔采购、4000多笔费用,70多人加班加点做核算,30天才能出来一份并不十分准确的财务报表。而179个利润中心、32个职能部门、1400多个成本中心的共同努力下,统计合并报表在月末结算后的第5天就可以出来。

联想集团 2000 年库存周转时间为 20 天，而 1995 年库存周转时间为 72 天，以 2000 年库存资金平均余额 9.63 亿元计算，相当于降低资金成本 1.26 亿元。按照 2000 年收入 200 亿元计算，产品积压损失由 1995 年的 2% 降低到 0.19%，估算节省成本 3.62 亿元；应收款周转天数由 1995 年的 28 天降低为 2000 年的 14 天，相当于降低成本 4700 万元；应收款坏账占总收入比例由 1995 年的 0.3% 降低到 2000 年的 0.05%，相当于降低成本 5000 万元。

可见，信息化在企业管理中的重要作用，实施精细化管理更是离不开信息化。

信息化来源于计算机技术与现代通信技术，它在企业管理中的应用解决了决策与调度的高效化、沟通与控制的实时化、存储与检索的条理化等问题。

计算机不但在信息记录与处理能力方面优于人类，而且有一个刻板执行的特点，人类因为观念、情感、疲劳、沟通衰减会大大降低信息的传播准确度，也会使执行的准确度、力度降低。心理学上有一个试验：一句话由第一个人传播到第十个人，原义或概念就会走样，准确率低于 50%，原因是人类的表达与解读会错位，人之间的概念系统、表述系统有差距，一个人理解的概念与表述的词语是一个样，另一个人又是另一个样，所以造成传播失误。计算机就不存在此类问题，一个命令从一个计算机传送到另一个计算机，依次传送到一百个、一千个计算机上，命令都不会走样，命令还是那个命令，所有接到命令的计算机会执行同一动作。

现代通信技术包含网络技术与卫星通信技术，它实现了多点沟通与即时沟通，多点沟通是指我们可以同时调用任何地点的信息，即时沟通是指不管何时何地都可以与任何一个地点上的人沟通。公路、铁路交通的监控系统就是多点沟通的方式，IterNet 是多点与即时沟通的方式。

1. 决策与调度的高效化

决策者往往会碰到这样的决策困境："要么干，要么不干，否则机会就过去了"。什么原因呢？大多数都是信息掌握不全和信息归纳分析太慢造成的，决策者没有看透事物的本质，所以举棋不定。我们知道，一个正确的决策来源于决策者的观念、逻辑分析能力、信息掌握数量、专业分析工具四个方面的素质。决策者从观念上来讲一般都是先进的、客观的，从逻辑分析能力上来讲思辨能力都很强。决策者有时患得患失、盲目冒进，一是因为信息掌握不全，产生了盲人摸象的心理；二是信息掌握较全面，但是没有快速加工成有用的决策依据，面对海量信息如坠云里雾里，因此决策者此时会产生一种哈姆雷特式的呻吟："干还是不干，这是一个问题。"

那么，怎样把信息加工成有用的决策依据呢？

从哲学的角度讲，事物的运动规律都可以用数学模型来表示，只是因为人类认知不足，所以有些领域可以用数学模型来建立因果关系，有些领域还没有建立起客观、准确的数学模型。但是即使是有数学模型的经济规律，在处理大量信息时，人工计算量是很大的，有时也得不到即时的结果，往往错过机会。比如说，天气预报的数学模型很早以前就建立了，但是在计算机应用之前，这些数学模型应用得很少。为什么？因为当数学家们计算出结果后，可能已经过去三四天了，对于第二天的预报已经没有意义了，但是计算机的应用解决了这个问题。我们每天在《新闻联播》后看中央电视台的天气预报，云层的运动图就是计算机模拟运算的结果。所以计算机可以从庞杂无序的信息中迅速提炼出决策依据的数据，提高决策效率，让决策者抓住身边的每一个机会。而且决策者不必学习或懂得数学模型的机理，一个现成的软件搞定所有的计算，只要输入数据，计算机就会给出结果。

（1）用信息化进行决策。

经理信息系统（EIS）改变决策效率。高管人员原来80%的时间用于收集信息，20%的时间用于决策。使用EIS后，两项工作调转过来，20%的时间用于收集信息，80%的时间用于决策，决策的正确性大大地提高了。

在实施EIS之前，布鲁克斯公司的高层管理者几乎完全依靠计算机打出的报告。这种多重报告来源导致了数据的不一致。为了消除这种不一致，总经理希望有一个单一的、集中的、广泛的数据库，从这个数据库中，经理们可以得到他们想要的各种数据，EIS可以做到这一点。比如，负责销售的高级副总裁可以查看库存数据，商品总经理可以查看产品数据。

最后安装完毕的系统包括220个不同变量类型的数据库，例如，可以随时得到下列信息：销售量、标的价格、库存转移、退货、不同级别的收据和成本等。这些数据中的销售量也可按式样和颜色进行划分。利用商品条码和将扫描器连接在计算机化的登记器上，经理们可以迅速获得信息。这种信息以彩色和图形方式输出，很容易使用且便于理解。比如，总经理使用EIS来完成他每周的"最畅销商品报告""最滞销商品报告"和"颜色分析报告"。他可以将这些报告做成他希望的形式，能够迅速区分出哪些是要再订货的，哪些是要降价销售的。

新的EIS被证明是一种对管理者非常有效的工具。在安装此系

统之前,总经理估计布鲁克斯的高级管理者将他们80%的时间用于收集信息,20%的时间用于决策。现在正好反过来了。"过去人们星期一早上最典型的事情就是四处收集各种数据,现在则是坐在那里分析数据。"

（2）用信息化进行调度控制。

沃尔玛的快速扩展,得益于全球联网的库存统计系统与销售系统的应用,沃尔玛可以即时了解全球每一个店面中每一个产品的销售情况,即时调度货物到指定地点,提高了货物配送效率。

20世纪80年代初期,沃尔玛跟随凯玛特商业中心（Kmart）进入折扣商业市场。由于巨大的购买能力,凯玛特商业中心能够谈成很低的批发价格。沃尔玛靠投资信息技术而成为世界上最大的零售商,它计算机化销售系统现在仍是零售业中的标准。在1987—1991年间,沃尔玛投资6亿美元用于库存管理设备和其他计算机技术。一个卫星通信系统使它能够跟踪库存变化和处理会计及付款问题,它也可以向各供货商下达电子采购单。它能够进入沃尔玛的1500家零售商店的销售终端来检查其商品的销售情况,并且在商品售罄之前重新供货。另外3800家商店能够直接从沃尔玛获得每天的各种销售数据。这个系统是沃尔玛公司在行业中保持低成本运作的重要因素。

日本有一个公司,利用全球卫星定位系统及其计算机处理系统进行物流管理,有一个环节是这样做的:运送生产配件的卡车来到工厂控制位置时,会向调度控制中心发送自己的运送配件种类与数量。调度控制中心会根据计划与生产需求,规划出运送配件的卡车路线图发送给汽车司机。司机根据路线图将配件送到各个生产车间中,这样就可以实现零库存,提高资金周转率。

美国航空公司在1960年开发了一个称为萨伯里（Sabre）的订票系统。当时的技术水平使它在旅行社中建立了早期的立足点。今天，14000家旅行社通过萨伯里系统保持着在美国航空公司的"281条航线预订大约4500万种机票"的记录。这个系统不仅为公司带来将近5亿美元的年收入，还使美国航空公司拥有在旅行社显示航班信息的控制权。许多年来，这个系统显示的美国航空公司的航班信息比其他竞争对手的要多得多。

2. 沟通与监控的实时化

（1）对过程状态的实时掌控。

沟通与监控的实时化中所说的控制不是监视员工行为的意思，而是过程控制，状态调查。控制的实时化就是对过程状态的实时掌控，以便于及时了解异常情况，实时进行处理，避免酿成错误。

即时沟通可以提高事务处理的效率。

（2）控制实时化案例。

日本的索尼公司的总经理对加拿大的索尼Watchman微型电视的库存量非常关心，公司在温哥华和多伦多的仓库中的存货是否能满足零售商未来3个月的需求？以前，这种类型的问题可能需要两天和六七个电话才能解决。今天不再会有这种事了，因为索尼公司的计算机都用网络连接起来了，总经理在键盘上敲几下，立刻就可以看到加拿大两个仓库中的库存记录，这种Watchman在加拿大销售情况的问题在2~3分钟内就可得到答案。

（3）沟通实时化案例。

在美国达拉斯的一位埃克森公司的总经理想指挥公司一艘远

在波斯湾某地的油轮。以前只能通过电话来完成，但今天则可以通过网络计算机来完成，用不着离开他的办公桌。这位在达拉斯的总经理可以直接与那艘船的船长通信并立刻得到答复。这位总经理甚至还可以做一个通信记录的备份以备将来出问题时使用。

3. 存储与检索的条理化

企业有各种文件，包括规定、标准、流程、作业指导书、计划、统计报告、绩效考核表等，文件繁杂，有时甚至相互冲突。这种情况让使用者有时感觉凌乱，有时感觉迷茫。第一，我们寻找数据与条款支持是有针对性的，面对分散在各种文件中的数据与规定，靠手工检索一时很难全面、准确地找到；第二，若有来自相互冲突的数据或规定，又让我们不知所依，陷入两难境地。第一种情况在岗前培训中常常见到；第二种情况在总结会上常常见到。二者都会影响企业的运转效率与决策准确性。这种问题利用信息化与计算机技术就可以很好地解决。

解决步骤如下。

◆ 建立分类标准，把规定、标准、流程、作业指导书、计划、统计报告、绩效考核表等与数据按岗位需求与作业需求分成不同的检索单元。

◆ 在每一个条款或数据块后面注明适用对象、作业类别，类似于索引目录。

◆ 建立计算机数据库，及其检索项。

◆ 建立检索链接。

> 应该把高科技运用到企业的管理中,融入企业运营的血脉中。始终与科技发展保持同步,不断变革,才能使企业超越时代地保持自身的优势。
>
> ——《细节决定成败》作者　汪中求

第二部分　把握精细化管理

第三部分
精细化管理的前提、原则、方法

精细化管理

一、三个前提

1. 坚持与市场相链接

(1)骆驼和兔子需要不同的管理方式。

骆驼在沙漠中行走,四平八稳,几天不喝水渴不死,为什么?骆驼大,还有两个驼峰,能储水;把兔子放沙漠里可就惨了,兔子再快也不可能在短期内活着跑出茫茫沙海。

有些企业像骆驼。比如GE,沃尔玛,比如IBM,还有可口可乐、百事、宝洁等,他们首先谈企业的战略管理,动不动兼并、扩张,那是因为它们的规模摆在那,是只典型的"大骆驼"。

2003年中国500强与世界500强营业收入前十名比较如表3-1-1所示。

表3-1-1 2003年中国500强与世界500强营业收入前十名比较(亿美元)

	世界500强			中国500强	
	企业名称	国家	营业收入	企业名称	营业收入
1	沃尔玛	美国	2465	中国石油天然气	458
2	通用汽车	美国	1868	中国石油化工	457
3	埃克森美孚	美国	1825	中国移动	198
4	皇家壳牌	英/荷	1794	中国工商银行	195
5	英国石油	英国	1787	中国化工进出口	188
6	福特汽车	美国	1639	中国电信	180

续表

	世界 500 强			中国 500 强	
	企业名称	国家	营业收入	企业名称	营业收入
7	戴克公司	德国	1414	中国一汽集团	154
8	丰田汽车	日本	1318	中国人寿保险	153
9	通用电气	美国	1317	中国银行	152
10	日本三菱	日本	1094	中国建设银行	135

2003年中国500强与世界500强10个行业首位资产规模比较如表3-1-2所示。

表3-1-2　2003年中国500强与世界500强10个行业首位资产规模比较（亿美元）

	世界 500 强			中国 500 强		中国/世界
零售	沃尔玛	美国	947	华联集团	8	0.84
汽车	通用汽车	美国	3708	中国一汽集团	152	4.1
石化	埃克森美孚	美国	1526	中国石油化工	889	58.26
电子	西门子	德国	770	海尔集团	42	5.45
电信	日本电报电话	日本	1668	中国移动通信	445	26.68
贸易	三菱商事	日本	683	中国化工进出口	51	7.47
银行	花旗	美国	10972	中国工商银行	5769	52.58
食品	雀巢	瑞士	632	宜宾五粮液	17	2.69
电力	苏兹	法国	883	中国华能	151	17.1
钢铁	日本钢铁	日本	317	宝钢集团	189	59.62

"骆驼企业"的这些数据体现着它们的市场占有规模，以及很多成功的管理模式和管理方法，可这些模式和方法用在"兔子企业"身上就不妙了，最主要的原因是各自的市场基础不一样，我们必须基于市场来考虑管理，不能与市场脱节。

2001年，"学习型组织"的概念开始进入中国，并在中华大地迅速流行。学习型城市、学习型社区、学习型社会都应运而生。中国纺织机械（集团）有限公司在某学习型组织研究所的咨询帮助下进行学习型组织的建设，一年后项目停止，企业对外不愿谈及项目停止的原因。

同年，美国第二大软件生产商、世界500强第45位的甲骨文

公司（ORACLE）在全公司范围内学习彼得·圣吉的《第五项修炼：学习型组织的艺术与实务》，并努力打造一种无所不在的"团队学习之轮"的学习型组织并获得成功。在甲骨文公司，一种叫"深度会谈"的活动蔚然成风，甲骨文亚太区每隔一段时间就会邀请各地区总经理聚集在一个酒店里，穿着随意的衣服，谈论未来经营模式，"完全没有自我，只能挑战问题，不能批评他人"。通过这种脑力激荡，打破地区、建制，主管诱导属下讲出心里真正的想法，以求达到"改变主管心智模式"，乃至和员工"共享愿景"，协助属下"自我超越"。

同样的管理模式应用在两个不同的企业身上，产生两种截然不同的效果，是因为彼得·圣吉提出的五项修炼（包括系统思考、共同愿景、团队学习、自我超越和改变心智模式）是建立在西方企业管理特点之上的，西方企业与中国企业的生存和发展的"市场土壤"不一样，因此，如果还没有理解学习型组织的真正含义，一味地生搬硬套，是不可能取得成功的。

千万别把兔子当骆驼伺候。

（2）市场通吃导致管理粗糙。

其实，"兔子企业"更需要的是精细化，包括管理的精细化和市场的精细化，两者是相辅相成的。市场盲目可能导致管理的盲目，市场通吃可能导致管理的粗糙。

笔者曾经服务过一家企业LF，受聘为营销总经理，刚进入即发现销售管理的一片混乱。

第一、公司人员变动较大，特别是销售系统的人员变动对经销商影响较大。

第二、库存量大，资金运转困难。

第三，供货速度慢，处理问题周期长。

第四，随意性的口头承诺习惯，常常造成承诺不兑现，经销商信心受挫。

做了初步调研，发现导致问题的三个原因如下。

一是价格乱，导致销售管理混乱，同一产品不同型号、不同规格、不同价格，电脑都分不清，还怎么管？

二是渠道乱，销售政策各不一样导致绝大部分客户产生逆反心理，占了便宜还说吃了亏。

三是品牌乱，资源平均分散犹如打水漂，不能有效集中拉升品牌。

再进一步分析原因，结论是问题来源于盲目的迎合。

一是盲目迎合客户的需求。我们经常说，可以满足市场需求不等于迎合个别客户的需要，而LF公司却经常把个别客户的"鸡毛"当"令箭"，换个名称可以，改个批号也行；非标包装能够接受，独立型号未尝不可。几年下来，产品大类40多，系列100余，品种已过万，一间年销售不到两亿元的企业，如此多而杂乱的产品体系，怎么管？能不乱吗？

二是盲目迎合渠道开发的需要，把牌子当品牌。一个地区有了一个总经销商，再来一个不能给同样的品牌，就立马再上一个，说是为了最大限度利用资源。几年下来，所谓的牌子竟达16个，别说品牌投入做培养，就连养活都难，何谈管理！

三是盲目迎合市场的响应速度，不顾企业的基础。一个非标准化、自动化的制造企业，生产的效率本就不高，为了快速发货就只有增加库存，再加牌子多、品种杂，管理的难度可想而知。

市场部门是企业盈利的龙头，但也可能是管理问题产生的源头。企业不注重市场细分，不准确定位目标市场，再天才的管理者、再优秀的管理模式都救不了。

企业是一个系统，企业营销绝不只是营销部门的事情，企业管理也绝不只是管理部门的事情；市场不做专业和精细，管理何来专业和精细？

（3）**市场利润趋零，管理行为转变。**

进入21世纪，中国不再是机会主义的沃土。在几乎所有非垄断性行业中，都不存在让投资者惊喜的超额利润，对外，市场利润越来越趋近于零的规律是无法改变的，唯一能把握在自己手里的是向内，向内部管理挖潜，再挖潜。一些先行的企业管理实践者开始改变自己企业的管理方向，以求得最大限度的管理效能，提高整个企业的盈利能力。

单从营销管理的角度简单地说，有五个方面的转变。

其一，从高成本单一的市场炒作到系统的营销管理。一场轰轰烈烈的价格大战和促销大战后，很快培养了中国消费者的价格敏感性。价格沉底、营销成本过高使企业不得不开始修炼内功，将注意力转向渠道和终端竞争。绝大多数企业已经深切地明白，营销以一种手段为主导，集中一点发力、兼顾其余就能取得显著成效的时代结束了。要想营销成功，策略是前提，技术整合是方法，资源合理化调度是基础。营销组合、整合传播成为一部分企业营销思考的基点，市场研究、市场细分、产品定位、品牌设计与打造、渠道设计与管控、广告、公关、人员促销、队伍建设、组织管理、考核与激励机制等，不再是单项推进，而是被充分整合、系统运用。

其二，销售管理工作重心下移。早期业务员的主要任务是厂家与经销商之间的简单协调服务工作，如发展新客户、取得订单、

督促发货、催收货款等，工作重心放在经销商身上。后来，营销工作到位的企业，其销售工作重心已下移到二批商，并直接服务到零售终端。从依靠大客户、大批发、大流通，开始转向商超、C类店的拜访服务。深度分销、通路精耕、生动化陈列等方法被企业大量使用。一些营销优秀的国内企业，其精细化操作水平，已在向可口可乐看齐。

与此同时，一些企业已着手取消地级经销商，由厂家设立物流配送中心，或将地级经销商改造为物流配送中心，直接在县级市场设置经销商，以减少流通环节，便于把市场做深、做细、做透。

其三，目标管理、有效激励，提高营销队伍的整体质量。随着营销队伍日渐扩大，终端工作的要求提高，销售管理问题日益突出。如何提高执行力、如何操作到位等问题，长期困扰着企业高层领导。在这种背景下，机制、团队文化建设、报表管理、短时检查、远程市场巡回督导、财务监察等管理手段应运而生。这是营销管理由粗放到精细的一大进步。另外，日益加强的企业培训普遍提升了业务员素质；跨国公司培养的掌握了精细化运作的人才开始被国内企业高薪争聘。所有这些，使国内企业营销队伍的整体质量有了明显的提升。

市场利润的总体下降，也迫使我们抛弃过去简单的员工激励方式，转而采取更科学、更具操作性的考核和激励模式，我们称之为立体式考核模式，例如对营销中心各部门经理的考核（部门经理考核表如3-1-3所示）。

表 3-1-3　部门经理考核表

姓名：		部门：		职务：		
考核期间：		考核人：				
评价要素			标准分	自评	考核人(1)	考核人(2)
				分数	评分	评分
1. **工作态度**：工作主动积极，严格遵守规章制度，能很好地服从并执行公司的各项决策及规定			10分			
2. **工作效率**：时间观念强，做事条理性和统筹能力强，能合理安排自己及部门其他成员的时间，以保证部门工作开展得高效			8分			
3. **工作知识**：熟悉本岗位及本部门的工作内容、职责和专业知识。了解部门工作职能各组成部分以及与其他领域工作之间的联系			6分			
4. **工作质量**：能按照岗位职责和职务说明书的各项内容，结合工作计划和上级布置的工作任务切实有效的开展工作，特别是格式化下达的项目进度表完成情况			10分			
5. **学习性和创新性**：热心学习与工作有关的新知识和新技能，不断寻求新的有效的工作途径和方法，以不断改善及提高工作能力			8分			
6. **计划能力**：进行预测、确定目标、制定战略和行动方案、编制预算、制定日程安排、制订月工作计划和按程序工作的能力			8分			
7. **沟通能力**：有效地与同事、上级及其他部门沟通，倾听并清楚地理解其他人的观点，并能在部门中营造良好的沟通氛围			6分			
8. **责任心**：有强烈的责任感，能站在公司的立场全面地考虑问题，且成本观念强，能有效控制成本和合理利用各类资源			10分			
9. **团队合作性**：积极主动地与同事及相关部门合作，并能在他人需要的情况下适时提供帮助和协作			10分			
10. **组织与决策能力**：合理配置人力资源及其他可利用资源，组织部门工作及各类活动且达到预定目标的能力，且具备迅速而准确地对各种方案、行动及问题做出最终决定的能力			10分			
11. **人员开发及培养能力**：能公正地评价下属的工作绩效和潜力，准确把握下属的优、缺点，并提供相应的培训和技能开发，指导、咨询并协助解决问题的能力			8分			
12. **出勤情况**：能严格遵守作息时间			6分			
13. 奖惩附加						
得分：						

最后得分及评价等级：____分____级____

说明：1. 本表由被考核者本人、营销中心总经理、同级部门经理分别封闭评分，权重分别为：3、4、3；

2. 本考核结果不影响考核人的基本工资。

其四，土枪换洋炮，加强信息管理的手段。重视信息和情报是管理精细化的重要方面。准确的市场情报是市场细分、目标市场锁定、产品和价格定位以及传播选择的前提。没有准确的情报就没有精确的市场发力。20世纪90年代，不做市场调查就盲目上项目、开发新产品、制定营销策略的企业比比皆是。现在大不相同了，找调查公司的企业多起来了，一些企业甚至内部设立了专门的调查机构和人员。最重要的是企业开始高度重视市场情报的准确性，淘汰和排斥那些泛泛而论的、形式主义的调研公司和调研方法，强调市场调研的方法和过程，学会了用常识和经验来检验信息的准确性。

其五，引进咨询，利用"外脑"。中国企业从策划的困惑到理性的利用外来专业力量，几经周折后，一些成熟的企业已经学会了如何鉴别使用各种专业顾问机构。

所有这些转变，都属于管理理念和行为对市场变化的呼应。工业化带来的生产规模化和社会专业化分工，必然导致市场竞争的白热化，也就必然使得市场利润大幅度降低并趋近于零。当我们都明白微利时代已经来临时，其实微利时代早就来临、利润早就接近于零了。

沃尔玛2004年超过2500亿美元的营业收入中，净利润仅仅不到4%。它可是动用了几乎全球最好的管理模式和管理技术，都"武装"到天上了：有5个专用的卫星频道和一个专用卫星，没别的，最大限度地提高管理效能、向管理要效益。即便如此，利润仍然很薄，由此可见，国内的企业面临的管理提升的压力有多大。

（4）**基于市场规模的组织架构设置。**

某日闲时突然发现，世界500强的国外企业几乎没有叫"某某集团公司"！笔者不能接受，因为在中国，正好相反，绝大多数所谓规模企业都一律冠以"集团"的名称，笔者见过的最小的集团公司是15个人。世界最大的零售企业沃尔玛公司的全称还是沃尔玛公司，而中国2004年前最大的零售企业是华联集团，沃尔玛公司2004年营业收入已经超过2500亿美元，员工120万，华联集团还在号召打破100亿美元年营收的神话。

这些年中国企业界一直为组织架构的设计煞费苦心。从分公司、支公司，到事业部制，再到委员会下几大中心等，折腾完了也找不到一个统一的模式。其实，哪有什么统一的模式！有的仅仅是适合自己企业市场规模的模式。

（5）**不羞于与"富人"联姻。**

一次在东北讲学，笔者与一位做超市的朋友谈话，他现在做的建材超市取名叫富安居，与全球第三的建材超市百安居差一个字，并且"富"的字形弄成与"百"差不多。这几年专门避开一级市场，往中等以下城市发展，2004年已达到营业收入一亿元人民币的规模。

问为什么，朋友回答说很简单，就是将来准备嫁给百安居，并透露早与百安居接触过，对方也很感兴趣。过几年说不定男欢女爱、谈婚论嫁了。

这个答案让笔者很惊讶，过后想想，朋友很聪明。百安居何许"人"也？英文叫B&Q，隶属于世界500强企业之一的英国翠丰集团。翠丰集团是一个拥有30多年成功经营管理经验的大型国际装饰建材零售集团，企业实力雄厚，发展速度极快。2002年，翠丰集团全球营业额更是达到106亿英镑，并在全球10多个国家拥有超过1400多家连锁店、9万多名员工，形成一个庞大的装饰建材营销体系，日渐成为全球最为出色的装饰建材企业。B&Q在英国本土拥有超过300家的装饰建材连锁店，并于1998年与法国同行业之冠CASTORAMA合并后，企业规模跃居世界第三、欧洲第一。朋友的富安居嫁给这样的企业，有什么不好呢？

所以富安居现在做的事情有两件：一是参照百安居的管理模式，尽量学习和完善，以求形似到神似；二是尽量往百安居无暇顾及的地区扩张自己的势力，以求将来资源整合，有个好结果。

凡事没有绝对。从市场竞争的角度看，企业加强管理和营销，做强做大当然是好事；另辟蹊径，打扮好自己，"嫁个好老公"，也未尝不是乐事啊！

2. 立足于财务报告

"一种科学只有在成功运用数学时，才算达到真正完善的地步。"这是马克思说的。同样，精细化管理必须有效运用财务的数据系统。时至今日，我们还有不少老板看不懂资产负债表，仍然有大批总经理不要求出具现金流量表，这样一来，相当于管理者，没有了标准视力的眼睛。

（1）财务是经营成果的科学反映。

2005年3月5日在第十届全国人民代表大会第三次会议上的《政府工作报告》同样也是基于财政报告对形势作出分析："2004

年,国内生产总值达到13.65万亿元,比上年增长9.5%;财政收入2.63万亿元,增长21.4%;城镇居民人均可支配收入9422元,农村居民人均纯收入2936元,扣除价格因素,分别实际增长7.7%和6.8%。"

已有20年历史的万科房地产,在总结自己的行业地位时,也是用具体的财务数据作出分析:参照美国和日本市场的数据,各个行业中的前5位基本上在市场份额中应该占到16%到20%。也就是说,前5位的企业平均最低的市场占有率是3%。万科在2003年的市场占有率是0.99%。即便是万科达到了3%的市场占有率,规模也只不过和2005年的海尔相当。王石说:"有人问我登山难还是做企业难时,我还是毫不犹豫地告诉他做企业难。登上珠峰前,我用了5年的时间去准备,做企业我做了19年。如果把登上珠峰看作是做企业,万科充其量还在6500米的高度上。"

(2)财务是具体管理活动的重要组成部分。

海信向来以"保守"的财务管理著称。海信认为:财务是一个企业的血液,如果血液不畅通,企业就会休克乃至死亡;企业无力偿还到期债务,才是破产的真正标准;在发展速度与财务健康的选择上,宁要健康不要速度;"做大先要做强","要面子不如要肚子"。海信对财务上的"保守"主要表现在以下四个方面。

一是集团内各子公司的一把手必须懂得财务,并将其列为任职的首要条件。在海信的整个考核体系中,财务指标与子公司总经理的年薪挂钩,海信股份公司的考核指标体系中,回款占30%,市场管理如占有率、信息、促销执行、宣传等占25%,服务如网点管理、顾客满意度等占25%,业务管理如周转次数、库存水平、资产安全、商家业务确认等占10%，财务管理本身占8%，分公司内部管理占2%。

二是把对财务的考核列为考核要素的第一位，比如子公司的应收账款超过销售收入的5%，就否决年薪。海信还在总部及各分公司设立监察部，巡回检查、核实分公司及其下属办事处上报的财务数据，以全面掌握人、财、物等各方面的信息。海信自1998年以来，从未发生业务人员卷款的情况。

三是牢牢地控制资产负债率，提高资金的周转速度。在2000年，海信的销售收入猛增至134.7亿元，净资产达22.8亿元。

四是调整产品结构，提升获利能力。海信低价产品只占20%。海信的彩电销售中，零售额占有率基本上一直高于市场占有率。变频空调占到了80%的比重。他们认为，如果别人健康地抢占，他们是抢不回来的，但如果别人不是健康抢占，他们照样能抢回来。

2003年，红豆集团以60.54亿元销售额位居中国服装企业销售排行榜亚军。但为了改变粗放式管理，在车间管理中规定，工人加工衣服时，两件连着的衣服拷边线不能超过1厘米。财务数据显示，通过科学合理拼版、裁床使原来采购预计制作8000件服装的面料节省了416米，仅此一项就可节约成本5%。

90年代中期，联想集团生产电脑时采用的是大计划、大采购、大推销的企业推动模式。当时已有44个独立核算单位的联想，每个月有2万个订单、20多亿的营业额、4000多笔采购、4000多笔费用，财务管理上，70多人加班加点做核算，30天才能做出来一份并不十分准确的财务报表。报表数据也不好看，年库存周转率只有1.7次，非材料成本的费用高达20%以上，积压损失高达5%。1998年全年财务结算时发现少计入2700万元的辅料成本，主要原因是这部分辅料成本计入到了在线存货，而没有计入当期的各个产成品上去，不断积累的辅料库存，在年终才发现。

到2005年的联想财务管理能力已有长足进步，179个利润中心、32个职能部门、1400多个成本中心的统计合并报表，在月末结算后的第5天就可以出来。2000年库存周转为20天，而1995年库存周转为72天，以2000年库存资金平均余额9.63亿元计算，相当于降低资金成本1.26亿元。按照2000年收入200亿元计算，产品积压损失由1995年的2%降低到0.19%，估算节省成本3.62亿元；应收款周转天数由1995年的28天降低为2000年的14天，相当于降低成本4700万元；应收款坏账占总收入比例由1995年的0.3%降低到2000年的0.05%，相当于降低成本5000万元。

（3）财务是为管理者提供决策数据分析的系统。

中国电信检讨自身存在的粗放式管理现象就更多地从财务的角度来思考，中国电信北京研究院前院长肖金学在《中国电信的管理转型——实施精确管理》一文中指出：中国电信各级管理机构，财务计划性不强，上半年多上项目多花钱，下半年需要的投入资金紧张；收入、成本数据不准确；全面预算缺乏刚性，前提是"心中无数"，各级对预算指标质疑理由种种；管理人员习惯于定性分析，对"过程决定结果"认识不清等。

正泰集团当初因为与配套厂的关系错综复杂，2001年下包企业已经达到1200多家。他们自己的管理干部都认识到，"这些有关系的外协户价格是多年以前定下来的，比别人要高，但质量却不见得好。"当初都是一种很自然的想法，"自己发了财当然要提携一下亲戚。"正泰党委在认真分析了配套厂的性价比数据后，于2001年1月及时提出《引入政府采购机制，实行原材料采购招标制度》。经过招投标，正泰的配套厂由原来1200家淘汰为786家。招标前已经确定了各种零部件的底价，一般留给通用件供应商的利润控制在3%~5%，比较关键的零件也只留8%~10%的利润。2001年正泰将零部件的采购成本降低了1.06亿元，2002年是3200万元，2003的是6618万元，3年中正泰共节省采购成本达2亿元。执行过程中，时任总裁南存辉就首先告诫自己的亲戚："你们多年来一直啃我这棵大树，现在啃不动了。"有一位老板是南存辉的亲戚，为了能够中标，花了300多万元人民币买了新设备，结果未能中标，南存辉宁可自己补偿他的损失也没有破坏招标制度。

2003年生产了1600万台微波炉的格兰仕，总装车间曾经在40多个人的一条生产线上做试验，理论上一个人负责的工序越少，速度就更快，于是将工序进一步细分，变成了70多人的一条生产线。通过反复核算，认定这样并没有提高效率，因为生产并不是自动化的，所以产品在传送给下一道工序时，需要人来推动，这耗费了一定的时间。现在一条普通机械型的微波炉生产线已固定为53人。

正泰终端电器公司有一主要产品叫DJ47，每个产品从注塑、拼装、铆钉、检测、移印到包装，6个工序，手工完成，需要6天。除了拼装和包装工序外，中间的几个工序（通断检测、瞬时特性检测、延时特性检测以及耐压测试）完全可以转为自动化生产线，一件产品的全部工时只需要一天的时间。那就毫不迟疑地上自动化生产线吗？不一定。财务分析：终端车间的4条自动生产线，一条要500多万元人民币，越是复杂的设备，维修成本也越高。一条自动生产线一般能够替代50~60个工人，但按目前正泰

的工资水平计算，减少的人工工资不抵设备投入的财务成本和维护成本。因此，正泰确定了"尽可能使用密集劳动力，对生产技术、工艺装备等作出相配合的调整"的中国制造业实用的技术投资方针。国家发展和改革委员会经济体制与管理研究所的许纲研究员和高世楫研究员，将这一模式称为"人力与机器有机集成的生产模式"。他们在其名为《相对竞争力和生产方式创新》的报告中指出：建立中国工业的国际竞争优势，不可能仅仅依靠引进工业化国家的生产技术和方法，而只能依靠在对自身现有各类优势进行系统化集成的基础上。

当前，很多企业的高层管理者，比较乐意探讨《孙子兵法》和《易经》，乐意从古代文学巨著中获取管理的灵感，精力过度集中于空泛、高深的理论上，十分缺乏对具体管理方法的研究，缺乏行之有效、可操作性强的管理思路。在具体管理活动中，不免经常出现形式主义的倾向，企业抓质量时"质量重于泰山"，抓安全时"安全重于泰山"。企业领导层热衷于哲学层次上的管理思路和经营战略的思考，不从财务分析入手，不具体研究管理中的细节问题，决策简单，规则空泛。所有这些，正是粗放型管理的一个重要特征。中国电信的肖金学认为，一种高效、节约的企业管理方式应具有4个特征，其中明确提出：关注企业的财务状况，强调数量化、精确性。

3. 立足于素质训练

（1）管理源于素质，素质源于训练。

任何先进的管理理念、任何优秀的管理模式和方法、任何完善的规则（程序和制度），落脚点都在有效的、持续的素质训练。

训练养成习惯，习惯体现素质。"才者因傲而败，常人因惰而庸。"我们常常讲训练有素，是从军队作风中延伸过来的。任何一个刚参军入伍的人不太可能具有军人气质，也就是军人的素质。只有经过从立正、齐步走、正步走等严格的、长时期的训练后，形成习惯，才有可能具备军人的气质。只有军人才有把被子叠成豆腐块、把个人环境收拾得规规矩矩的好习惯，这种好习惯不亚于5S的要求；所谓军令如山，只有军人才有服从的好习惯，这种好习惯才能形成强大的战斗力，保证执行的不折不扣。如果我们的企业员工都具备军人的素质，再加上专业知识和专业技能，制度就可能成为多余了。

中国社会最大的人性化是职业化的训练。1993年比尔·盖茨就在《未来之路》这本书上做过预测：未来一半以上的社会劳动力是不需要参加工作的；即使参加工作，工作的时间也不会超过学习的时间；即使这样，工作的人有一半时间也是在休息。也就是说大多数人不工作，工作的人大多数时间不工作，干什么？在学习和训练，以便获得工作机会。如果现在不对员工进行专业化的训练，就等于完全地放弃了他们。

曾经听说过一段悲剧式的笑话，说是老板进了职工食堂愧疚自己平时对改进员工生活的漠视，意思是自己太对不起员工；等进入车间则脸色转阴，后悔自己给员工吃得太好，意思是员工素质太差，干活不认真、效率太低，是员工对不起自己。这老板挺矛盾，他既想人性化管理的味道多一些，又希望职工提高效率。其实，都是老板对不起员工，因为员工素质不能提高是企业职业化训练太弱，员工内心希望的不是一顿饭吃饱吃好，而是顿顿吃饱吃好，也就是自己工作能力的提高、职业素质的提升，才会有更好的成绩，获得更丰厚的报酬。所以，中国企业的人性化管理最重要的是加强员工的职业化训练。

记住海尔集团CEO张瑞敏曾经说过的话："部下素质低不是你的责任，但不能够提高部下的素质，是你的责任。"

（2）工资是费用，训练是投资。

工资是给劳动力的报酬，训练是为岗位投资。工作任务是训练的机会，工作岗位是训练的平台。事实上一个人工作无非是为获得三种东西：一是金钱，回避金钱是一种虚伪，只谈金钱是一种庸俗；二是学习和训练的机会，不断进步的机会；三是获得提升自身价值的平台，每个人希望提升自己的核心竞争力，就希望不断地得到学习的机会、训练的机会。所以训练对个人和企业都是一种投资。

英国一些企业家认为，**企业不仅要组织员工创造财富，同时也要为员工提供学习的经历**。这种理念被称为"第二次哥白尼革命"。美国企业每年在培训上的花费大约在300亿美元左右，约占雇员平均工资收入的5%。全美已有1200多家跨国公司开办了管理学院。

正因为这样，我们提出要珍惜工作岗位，也就是珍惜训练的平台。事实上每个人一辈子的时间是很短暂的，现在世界上最长寿的是日本人，截至2023年末，世界卫生组织发布（2023世界卫生统计报告），日本人平均寿命84.3岁排名第一，剔除吃饭、聊天、睡觉等，真正工作的时间只有几年。所以真正巨大的投资是时间和生命，如此有限的时间和如此宝贵的生命，没有理由不珍惜，更加没有理由不学习和训练以求高效工作。1984年，派瑞曼说过："到21世纪初，美国将有四分之三的人成为知识工作者，他们都将意识到，持续不断的职业训练不仅是你得到工作的先决条件，而且是一种主要的工作方式。"

看来，世界已经或正在应验：学习和训练，本身就是工作的一部分。

（3）**训练讲究套路，套路注重细节**。

训练不等于学习，也不等于培训。关键的不同在于"练"，讲究方法的"练"。

比如说话，正常人都会，但在一个训练有素的组织内的人，工作中说起话来就必须有章法了，因为组织是要讲效率的，慢腾腾地说下去耽误时间，还会使沟通不畅。曾经推行过的一种说话的方法，摘要如下。

第一，三分钟说话。说一件事之前自己先思考一下，三分钟可以说清楚，就不要啰唆。孔子的思想那么深奥都可以用一句话来概括："**己所不欲，勿施于人**"，还可以用一个字来概括就是"恕"，它是孔子思想的全部内容。孔夫子都如此惜言若金，我们更没资格为自己的啰唆找借口。

第二，分条陈述。把一件事分成一二三条，容易听得明白。

第三，学会用三段论的方式。先告诉对方结果，再说过程，或者是先说结论，后说补充、强调、说明。

第四，多用数据说话。

第五，多用组织专用的名词。

二、四项原则

1. 数据化原则

西方谚语：我们相信上帝，除此之外都必须用数据说话。

我们说：做人要宽容，做事要严谨；宽容源于良知，严谨来自数据。

做人要宽容，做事要严谨，这是一般的做人做事法则。做事情最忌讳"大概、差不多、可能是这样"似是而非的判断，也忌讳主观的臆想与无序的安排，这样做是一种懵懵懂懂的作风，容易误事、坏事。管理是做人的过程，更是做事的过程，所以管理不仅仅要给团队一种和谐奋进的氛围，更要使团队在做事上有一种严谨态度与科学的作风。管理者与团队要有数字化的观念，要学会用数字化方法来描述企业活动的目标、计划、运行状态的特征，更要懂得运用数学工具总结、判断、预测企业各项活动的规律，以便我们更加客观、准确、系统地计划安排企业的作业活动，使企业能够高效、低耗地运行。

管理学科的进步历程也一再证明着科学化、数字化、技术化的作用，从20世纪初泰勒的科学管理实践到21世纪初ERP、六西格玛的管理手段的推广，使科学化、数字化、技术化管理深入到了企业的各个层面，极大地提高了企业的管理效率及其管理宽度，为企业的进步、社会的发展奠定了坚实的基础。

数据化原则强调的是用数据说话、用数据分析、用数据要求、用数据检验。它的作用在精细化管理中表现为以下8个方面。

◆ 用数据明确要求，让员工知道怎样做是正确的。

◆ 用数据明确标准，让员工知道做到什么程度是正确的。

◆ 用数据明确目标，让团队知道任务的海拔高度，知道自己行程距离。

◆ 用数据明确计划，让团队知道应该怎样走，他们可以得到什么装备，什么供给，知道怎样分配资源，怎样使用装备。

◆ 用数据扫描环境，知道企业产品与竞争者是否有差距，差距都在哪里，差距多大。

◆ 用数据检讨执行，查找执行与计划的差距。

◆ 用数据推演数据，找到科学的结果。

◆ 用数据链接数据，找到企业管理中的漏洞。

前6个方面，在企业管理实践中，大家深有体会，只是怎样做的问题，后两个概念可能有些含混，这里重点解释一下。

（1）用数据推演数据，找到科学的结果。

有一种职业叫作精算师，是世界上收入最高的职业之一，据说获得精算师资格后，不但不愁找工作，而且只要被聘任，年薪最低100万美金。为什么他们收入这样高呢？因为他们可以计算出一项投资或者一项新业务的盈亏概率，尤其在保险、金融等领域，一般新业务论证时，都要请国际精算师进行盈亏概率推算。

这个行业存在的本身说明企业活动有着很强的数理联系，我们可以通过数理关系找到我们想要的结论，以便用于企业决策或

者规划。在第二部分第 3 节中，我们所谈到的甘特图、PERT 图、线性规划、盈亏分析、边际理论等，都是企业规划中使用的数理关系模型，在 6σ 管理体系中，数学工具更是被大面积的使用。6σ 管理体系工具有过程图、控制图、鱼骨图、历史资料统计图、流程控制图、x 图、p 图、平均图、柏拉图、平均值图、分布图、柱状图、专家排名表、专家评估表、突破瓶颈流程图、团队宪章、甘特图、缺失模式分析图、利弊分析图、标准差分析图，其中只有团队宪章，流程控制图、专家排名表是文字性文件，其他都是数学工具，数学工具占总量的 70%。这种现象说明管理学界已经开发出实用于企业的数学工具，也说明企业更需要精确地描述企业运行的状态，更需要精确地分析企业存在的问题，而这些只有数字才能做得到。

（2）用数据链接数据，找到企业管理中的漏洞。

企业运行中所有数据都是相互关联的，销售数据、生产数据、采购数据、财务数据都是相互关联的，通过这些数据，我们可以看到企业管理中的问题。

洛克菲勒在管理自己的石油公司时，有这样一个例子，一次有一个矿长在公司领用了 100 个油桶盖，过了一周后又来领用油桶盖，洛克菲勒与他讲，上周你那个矿生产了 ×× 吨石油，这些石油只能装 40 桶石油，你还有 60 个桶盖没有用，现在还来领用桶盖是何道理。这个例子说明企业管理中各个环节数据是相互联系的，管理者可以透过这种关系发现管理环节上的各种问题。

2. 操作性原则

1997 年，沈阳飞龙集团的总裁姜伟在闭门思过两年后，归纳出自己企业管理的20大失误,其中一大失误是"管理规章不实不细"。姜伟有一条刻骨铭心的教训:**规则的制定仅仅是第一步,其后必须增加两方面的内容,即规则实施细则和实施检查细则。**

姜伟先生给的教训正是规则的操作性问题。

规则经常被孤独地挂在墙上。比如,有的企业员工守则中,有爱岗敬业这么一条,但没说清该怎么热爱,假设企业每周或每月组织员工进行爱岗敬业宣读工作,员工把工作中体现爱岗敬业的真人真事写下来,优秀的进行宣读,或者采取其他办法,这个大家就做得到,就会形成一种习惯,规则才没白写。

另一种表现是一些讲不清的"特殊情况"。"特殊情况下总经理批示"在很多企业的规则条文中出现。何谓特殊情况?是规则以内的特殊,还是规则以外的特殊?规则以内没有特殊,因为已经在规则中规定好了;规则以外的特殊的概念无法界定,也不是总经理有权批示的。解决的办法有两个:一是尽量把规则考虑得更细,二是去掉这种不能操作、又容易产生腐败的表述。

还有一种道不明的"临时交代"。此类表述一般出现在岗位职责规定中,规定的末尾为了"防止漏洞"而特别加上的。"临时交代"的事到底是哪门子事?有多少?没说清楚。员工完成领导"临时交代的任务"的时候是有的,但是一般不能超过这个岗位总工作量的5%,否则就乱套了,很容易成为某些领导随意指挥员工做这做那的借口。

用要点代替废话,是避免规则不具操作性的简单办法。很多规则制定者喜欢在开头先写一堆废话,诸如"为了……""在……形势下""特制定本制度",最后还来一段无关痛痒的强调,根本不起作用。正确的做法有两点:一是直入主题;二是有几点就写几点，能做到几点就列几点。

3. 底线原则

管理的精细化是不是越细越好？细到什么程度是最好？起码有两点是要努力把握的：一是可不可以再细分；二是需不需要再细分。这就是我们强调的底线原则。

底线有时是红线，是规则最大容忍度的问题。平时我们所说的"到了忍无可忍的程度"便是最形象的红线表达。这种情况更多的是指触犯了制度，需要动用处罚的条款或拒绝的态度。比如某公司关于广告费的报销规定中有下列条款。

对于有下列情况之一者不给予报销或冲减广告费用，敬请见谅。

① 超出本公司审批范围内的广告费用。

② 实际投放与公司审批不符的广告费用。

③ 广告内容中出现与本公司或本公司产品无关内容的广告费用。

④ 多报、虚报的广告费用。

⑤ 不能提供公司广告费用报销必须提供的相关凭证的广告费用。

以上全是越线不予理睬的底线条款。

底线也有可能是上限或幅度线。这种上限更多地用在奖励性的规则中，比如最高不超过50000元，最长不超过3小时等，其中的50000元和3小时就是一种底线。也有可能是一种幅度要求，比如"误差幅度要求在3~5毫米之间""年龄要求在25~30岁之间"等。

还有一种底线是保障线。最典型的是关于最低库存量的描述。

但零库存的概念不属此列。笔者认为零库存更多是一种理想境界，或者是在很多、很难实现的先决条件成立时才能做到的管理目标。

4. 交点原则

先看一段来自民航机场指挥塔的案例。

民航机场指挥塔是在空中航行的飞机的"最高指挥官"。这种指挥绝对不能出任何差错。为了保证发出的任何一道命令不出差错，管理者设计了好几道保护的屏障。

第一，每个人发布的命令要写在速写纸上，并且保存六个月。每架飞机发布的任何一个指令都要同时速记下来，用专用的卡片保存起来。

第二，任何一道命令的发布是由两个人互相作证的，这个人发布了这道命令，另外一个人会在图表上标识出来，一个说，一个核对，通知哪道的飞机跑到哪里，或者是飞到多高速度多快，同时在计算机上会表现出来，如果说错了及时纠正，保证说的和想的一致。

第三，设一个监督员，站在两个人的背后，负责监督两个人的对证关系。一系列的录音和书面记录都要保留六个月，严格执行点对点的对接，出了问题可以随时检查。

通过飞机指挥塔的小例子，我们发现管理中交点问题的存在。岗位与岗位、部门与部门、上下级、组织内外、相关的组织、共同利益体之间等，现代社会的分工越来越细，必然带来事与事之间、事与岗位之间、岗位与岗位之间的交叉点，我们称之为管理的交点。

管理中的交点很多时候成了管理的盲点。原因在我们对交点的漠视，对解决交点问题的无助，把事和人变成了"孤独"的事和"孤独"的人，总之，忽略了管理的交点原则。

岗位之间的交点通常用沟通的方式解决。关于沟通的艺术、沟通的方法已经有很多的专著论述，团队通过训练可以较好地解决。这里补充一个叫口头复述的方法。也就是主管在布置下属工作事项时把要点讲清楚，然后请下属口头复述一遍，无非是起到强调和重视的作用，主要用在日常工作中不需要或来不及行文的情况。

多个岗位共同完成一项工作时，仅靠单对单的沟通就成问题了，我们通常采用格式化的工作进度表的方式解决交点问题。比如推进一项调色系统的工作，调色系统项目筹备工作进度表如表3-2-1所示。

表3-2-1 调色系统项目筹备工作进度表

序号	项目	责任人	完成时间	跟进人	备注
1	调查问卷		04/5/16		调查对象的要求、数量
2	基础漆		现存		3000#
3	色浆		04/6/15		外购，重定价格和规格
4	配方软件		04/6/15		要与千色配套
5	调色设备		04/6/15		先购一台调试
6	色卡展示		04/6/15		千色卡和展示台
7	附件		04/6/15		购实样板为调试
8	内、外墙基础漆的市场价格		04/6/20		会议讨论
9	市场推广方案		04/6/20		会议讨论

一件事情有许多子项目，每个子项目有不同的责任人、完成时间和验收标准，一个综合性的工作拆分成了若干个工作表，人手一份，大家都按照这个表在规定的时间内完成，这样

我们就能够形成一个有机的整合，而不是一群优秀的完成任务的人等待一个不负责任的人。这就是格式化的工作进度表给我们带来的方便。

需要强调的是责任人必须是唯一的，第一责任人不在必须有第二责任人来顶他的任务，每个子项目一个人负责，而不是两个人来负责。

唯一的事对应唯一的责任人，这样才有责任，才有人承担责任。

大的项目工作进度表更复杂一些，我们通过阅读附件1"细节管理培训10项60条"来进一步熟悉。

> 让每一位员工全身心投入到工作中来是CEO最主要的工作。把每个人最好的想法拿出来，放在其他人中间交流，这就是秘诀。
>
> ——（美）杰克·韦尔奇

三、六种方法

方法一：目录管理

管理人员经常挂在嘴边的一个字是"忙"，忙得有无效率就不得而知了。如果把自己的岗位职责列出目录，再进一步把原来每天忙的事情分分类，运用目录管理的办法，或许事半功倍。

拿营销总经理这个岗位来分析，可触类旁通。

营销总经理的工作职责目录如下。

（1）品牌战略。

1）品牌现状分析。

① 公司品牌分析。

② 竞争品牌分析。

2）品牌规划。

③ 品牌发展规划。

④ 品牌市场规划。

⑤ 品牌推广规划。

3）品牌整合。

⑥ 品牌定位。

⑦ 品牌策划选择。

⑧ 品牌提升策略。

4）品牌管理。

⑨ 品牌市场运作管理。

⑩ 品牌塑造过程管理。

（2）产品策划。

5）产品策划。

⑪ 产品拓展规划。

⑫ 产品想象规划。

⑬ 产品定位。

6）产品分析。

⑭ 产品信息处理。

⑮ 产品需求分析。

⑯ 产品性能分析。

⑰ 竞争产品分析。

7）产品整合。

⑱ 产品组合策略。

⑲ 新产品上市。

⑳ 旧产品整合。

（3）价格政策。

8）价格分析。

㉑ 成本分析。

㉒ 产品定价分析。

㉓ 供求和竞争状况。

9）价格制定。

㉔ 确定定价目标。

㉕ 估计销量。

㉖ 分析竞争对手反应。

㉗ 选择定价方法。

㉘ 制定定价策略。

㉙ 确定产品价格。

10）**价格合理。**

㉚ 定价管理制度。

㉛ 调价管理制度。

（4）**渠道建设。**

11）**渠道分析。**

㉜ 市场调研。

㉝ 分析渠道形势。

㉞ 预测渠道变化。

12）**渠道规划。**

㉟ 渠道流程设计。

㊱ 渠道政策规划。

㊲ 渠道模式选择。

13）**渠道整合。**

㊳ 原有渠道调整。

㊴ 新渠道开发。

14）**渠道管理。**

㊵ 选择渠道成员。

㊶ 渠道激励。

㊷ 渠道评估。

㊸渠道改进。

㊹渠道秩序管理。

（5）促销。

15）**促销策划。**

㊺市场竞争态势分析。

㊻促销目标。

㊼促销计划制订。

㊽设计促销方案。

16）**促销管理。**

㊾促销配合。

㊿促销控制。

(51)促销评估。

（6）营销组织和管理。

17）**营销组织。**

(52)组织架构规划。

(53)队伍整合。

18）**营销队伍管理。**

(54)日常管理。

(55)业绩管理。

(56)队伍培训。

（7）销售服务。

19）**内务服务。**

(57)退货处理。

(58)跟单发货。

(59)往来结算对账。

㉑ 订单处理。

㉑ 信息反馈。

20）技术服务。

㉒ 投诉受理。

㉓ 客户维护。

㉔ 技术支持。

㉕ 质量咨询。

一张营销总经理工作职责目录表，已经足够清晰地表达了作为营销总经理（一级目录）的几乎全部工作，归纳下来有7大项或叫大的事情（二级目录）、20件具体的事情（三级目录）、65件更具体的事情（四级目录）。

进一步分析还能发现，我们可以把65件点上的工作分成A、B、C、D四大类，标准可以自定，以下分法仅供参考。

A类：亲自做并报总经理审核的，如品牌发展规划、新产品上市、产品定位、组织架构规划等。

B类：亲自做不须报审的，如品牌市场规划、队伍整合、业绩管理、渠道政策规划等。

C类：布置做但必须跟踪的，如品牌提升策略、渠道模式选择、往来结算对账等。

D类：布置做但只例行抽查的，如调价管理制度、新渠道开发、日常管理、投诉受理等。

目录管理的另一个好处是容易抓住管理工作中的重点。目录一旦列出来，你的工作重点也就出来了。按照管理学的要求，一个管理者直接管人最好是 6 到 8 个，超过了管不了；直接管事是 12 到 15 件，管多了做不来。个人精力有限，就只能提纲挈领、抓大放小了。目录管理正是提高管理效率，并把工作做细做透的途径，也是管理者"偷懒"的有效办法。

方法二：清单梳理

作为一种管理工具，清单梳理广泛应用在日常的管理工作中。对个人，比如总经理每日、每周、每旬、每月、每年要做的主要工作，可以列出清单以便清晰；对一个工作项目，更需要用清单的方式列出全部事项，避免想到哪里做到哪里。

举个例子，总经理每天必须做的事，可以列单如下。

① 总结自己一天的任务完成情况。

② 考虑明天应该做的主要工作。

③ 追踪抽查已安排事项的落实。

④ 考虑一个公司的不足之处，并想出改善的方法。

⑤ 应该批复的文件。

⑥ 每天必须看的报表（如产品进销存、现金流状况）。

⑦ 考虑自己一天工作失误的地方。

⑧ 自己一天工作完成的质量与效率是否还能提高。

⑨ 记住公司一名员工的名字和其特点。

⑩ 看一张有用的报纸。

还有一类清单，是涉及一项工作任务的，比如 2004 年经销商大会所需清单工作计划如表 3-3-1 所示。

表 3-3-1 2004 年经销商大会所需清单工作计划

类别	序号	内容	责任人	完成时间
文档清单	1	《邀请函》		2月18日
	2	《参会人员名单》		2月23日
	3	《到会人员名单》		
	4	《到会人员确认流程》		2月18日
	5	《会议内容表》		2月17日
	6	《大会发言稿清单》		2月26日
	7	主持人台词		2月29日
	8	《会议议程表》		2月26日
	9	《纪念品清单》		2月29日
	10	《费用预算表》		2月25日
	11	《会议须知》		2与25日
	12	《会务组联系人及电话》		2月25日
	13	《筹备工作计划通知》		2月18日
	14	《会务组员名单》		2月25日
	15	《会务工作组分工表》		
	16	《住房安排表》		2月25日
	17	《签到表》		2月25日
	18	《会议评估表》		2月28日
	19	《文档清单》		2月17日
	20	《问题集锦及标准答案》		2月22日
	21	《对账单》		2月22日
	22	《还款承诺书》		
	23	《借条》		
	24	《04年经销协议书》		
	25	《03年客户材料清单》		
采购清单	26	《物资采购清单》		2月18日
配置清单	27	《专卖店配置清单》		2月17日
	28	《会场布置物资清单》		
	29	《公司布置物资清单》		

这是一份清单的清单列表。它提示我们做任何一项工作理出头绪是主要的，只要按照表列的三份清单和包含的内容，根据时间要求一项项落实，相信会是一次成功的会议。

有了清单，就有对整件事整体的把握，避免了疏漏、拖延和懈怠；有了清单，你就会看清重点和次要，有助你节省时间提高效率，清单管理，实在是管理过程中的一件乐事。

方法三：案例学习

案例学习是管理导入过程中比较实用、形象的方法，有6个方面是需要注意的。

① 多用身边的案例。案例的时代性很重要，因为不同时代企业生存发展的市场基础、人文环境、政策背景均不同，太陈旧的案例对解决现实问题的指导意义不大。

② 注意案例的针对性。案例必须符合论证的需要，关系不太紧密甚至唱反调的，当然不能用。

③ 案例必须印证主题。没有主题思想、不能说明问题的案例是不可取的。

④ 能够类推。就是说案例具备影射的作用，可以举一反三、依次类推。

⑤ 案例需要概括。摆一堆事实不提炼、概括出要求证的道理，也是徒劳。

方法四：模板练习

曾经有公司的管理者跟我们说，他们现在各个部门报上来的东西太乱了，糊里糊涂，没法总结。我们说不对，这是你的问题，你没有给别人模板，报告怎么写，比如财务的借条不可能乱，因为格式是一样的，只要填个数签个名就可以了。能否给我们的基层干部一些必要的模板，让大家用时方便，汇总时也不麻烦呢？当然是可以的。

比如公司发文件、通知，如果用附件3所列的统一模板格式，整个公司的发文操作就全规范了。

方法五：规则推演

20世纪90年代末，一场时尚运动在各地风行。人们争相申请所谓个性化的车牌，自己的生日、恋人的英文昵称等，一开始还挺好，偶尔有类似"粤B007""粤C NO001"，也不算过分，慢慢就变味了，甚至有些离谱了：诸如"SDM"（萨达姆）、"SEX001"等都昂然上市了。制定规则的相关部门急了，手足无措了。

其实规则执行的短路是设计者的短路，是设计时对规则推演的忽略。挂一个公路的指示牌时，先自己开着车试试，能否走得通，走得通这个牌子就是挂对了，不通就赶紧换。同样的道理，我们制定制度、流程文件一定要自己推理一遍，不要匆忙地往下推，一定要决策从容，方能执行迅速。

其实，只要将规则认真推演，很容易发现问题并及时纠正。20多年前曾经推行试用第二次汉字简化方案，这一套方案是从民间收集来的，有许多字从前和现在都在民间流行，民意基础是有的，但试行了几个月后就收回了。原因是：第一，第一套方案已在大陆通行二十年，大家已经习惯，再创新不容易；第二，简化得太厉害，的确会造成识别上的混乱，如一个方框写小了是"口"，写大了是"国"，印刷体还好，手写可就不容易分辨了。再如鸡蛋的"蛋"简化成元旦的"旦"也不对，想把常用的几千个汉字全简化成六笔以下是不实际的。经过反复推演，第二次汉字简化方案被收回了，也印证了文字改革委员会在确定简化字时，必须遵循一条总原则："述而不作"，即只整理古来或民间的写法，不自创，所以他们不再去杜撰，并及时进行举例推演，发现问题、纠正错误。

方法六：模拟演练

模拟演练是对管理规则的反思、实证过程，规则通过推演可能对了，但还不能确定实施畅通。有两种情况下需要我们把自己当规则的执行者演练几次，看看能否行得通。

第一种情况是换个角色。规则制约的角色进行调换，按原来的条款再演练一次，就像做代数一样，当 $X=1$，$Y=2$，$Z=?$ 这就是一种演练过程。

第二种情况是换个环境。企业存在的内外部环境在不断的变化当中，预先设定好几种不同的环境，看看规则执行可能发生的结果，这样做可以使管理者心中有数，降低管理的风险。

以上是管理实施的六种方法简要介绍。其实单个的方法掌握是不够的，能够综合运用才是最高境界。精细化管理是种系统工程，选择什么样的模式是根据企业的实际情况来定的，但贯彻实施是完全可以综合运用以上方法，自己动手、全员参与来推进的。基于我们这几年做管理顾问的经验，可以介绍一种模拟顾问公司做项目顾问的形式，展开自己企业的精细化管理的自我诊断、自我实现。

第一步，成立项目组，或可从兄弟单位借调 1~3 名管理人员协助；

第二步，展开管理诊断。这里需要运用管理诊断的 5 种形式：问卷调查、个别访谈、座谈会、资料查阅、顾客拜访。其中的问卷调查和资料查阅就可以运用目录管理和清单梳理的方法；座谈会可能用到规则推演的方法；

第三步，员工参与自检。员工自检是从被管理者的角度对管理规则的全面检讨过程，又分 7 个步骤；

精细化管理

◆ 有无规则：自己所在的岗位能执行的管理规则有多少？
◆ 可否操作：执行的标准是否清晰明了，能否操作？
◆ 事前培训：实施前有没有培训和指导？
◆ 事中帮助：执行中有困难找谁，找他有没有用？
◆ 事后分析：执行后的效果有无验收和反馈、纠正？
◆ 系统协作：规则实施对系统内外的影响、意义？
◆ 个人提升：规则实施过程中对个人有无提升和帮助？

第四步，项目报告。就企业整体的管理状况进行综合分析，形成完整的书面报告。具体参照附录4。

> 你可以离开学校，但你不可以离开学习。
>
> ——（美）比尔·盖茨

第四部分
精细化始于管理者

精细化管理

一、寓"管"于"理"当中

现在说到管理，人们想到的往往是与权力相关的约束和控制。在我们看来，管理是"管"和"理"的统一体。所谓"管"就是监督和控制；所谓"理"就是指导和服务。从管理的本义来说，管理的核心是控制。因为只有有效的控制资源，并把资源调度到最需要它的地方，才能发挥最大的效益。否则，松散的管理是很难在一个组织和企业中发挥团队效力的，不可能使有限资源实现利益的最大化。但要达到控制的目的，并不是简单的事。我们认为，**"理"是"管"的途径，"管"是"理"的目的**。所以，管理是一个矛盾的、有机的统一体。

就管理的过程来说，"理"比"管"更重要。但很多人并没有认识到这一点。现在的问题是人们只知道"管"，而不知道"理"，"管"还是采用权力式的强行约束和控制，结果往往适得其反。**管理过程应更注重"理"，高明的管理应该是寓"管"于"理"之中**。

从监督和控制的意义上说，"管"主要是针对人们的惰、贪、私、粗等弱点来进行的。如果没有管理或管理不当的话，任由这些劣性恶性发展，就会影响管理的效果，使管理达不到想要达到的目的。

在管理实践中，避免或者防止人的弱点主要有两个方面，一个是文化上，一个是人性上。

所谓文化上的，主要是指中国长期以来受自给自足的农耕生产方式的影响：一、不善于合作，喜欢各自为战；二、做事粗放，缺乏精细的精神和作风；三是裙带关系，凡事讲关系，容易扭曲和破坏管理规则。这些弱点都是与管理，尤其与精细化管理的思想是背道而驰的。

所谓人性上的，指人类普遍具有的弱点。这些弱点我们认为主要有：一、懒惰，即如果没有外在的压力，人们是不愿意做事的，这导致了企业的执行力下降，总是不能按期完成计划和任务；二、贪。这里的贪不只是指在物质上的占小便宜，更主要的是想用最小的付出，得到最大的回报。人的这种愿望，是与管理的宗旨相吻合的。因为，我们知道，管理就是使有限的资源发挥最大的效益的过程。**就企业来说，管理者希望员工最大程度地发挥潜力；而就员工个人来说，他们也想用最少的付出，得到最大的回报。**所以，他们会在努力程度上、在时间上等各方面都会产生这种倾向。这两者之间是矛盾的。

人性上的弱点，我们认为是全世界都要面临的问题，都在想方设法解决的问题，当然也是我们的企业所面临的问题。但在我看来，这些是基础性的问题，而我们在管理中更主要的问题是文化上的难题，即文化上的弱点。在管理中一定要想办法遏制、防止乃至克服这些弱点，否则根本就达不到管理的效果。

在管理实践中，人们已经想出了一些办法来克服这些弱点，比如，针对人们不善于合作的弱点，管理者设计出了计件工资的

精细化管理

付酬方式，让员工多劳多得。所以，像青岛钢铁集团采用"日工资"之类的管理办法的企业，就容易取得成功。现在很多企业采用的责任制以及工资或奖金与职责挂钩的企业，就是一种比较有效的办法。而对于做事粗放的作风，就需说明工作要求，确立工作标准，并与个人收入挂钩。而裙带关系则是一个影响企业发展的长期性的问题，需要企业从完善治理结构上下功夫。

在实践中，西方发达国家的一些先进的管理经验不能有效地在我国本土企业发挥其作用，也主要是由于这种文化上弱点的存在。所以，我们认为，国内企业目前更应该着力于文化上弱点的解决。

需要说明的是，我们所说的文化上的弱点与人性的普遍弱点并不是截然分开的。当然，这是另外一个话题了。

从指导和服务的意义上说，"理"主要是引导员工朝着正确的方向行进，激发员工内在的动力。这就是我们下面要说到的企业的管理规则问题。

> 企业的利润会流失在每个管理环节中。
>
> ——海信集团管理理念

二、结果要靠过程来保证

社会有社会的法律，企业有企业的规则。法律也好，规则也好，它们的重要作用之一，就是指导人们的行为：鼓励人们做正确的事，防止乃至惩罚人们做错误的事。这就说到了管理中的"理"的问题。

每个企业都有作为指导企业成员行为规范的管理规则。与管理具有监督和服务的意义相应，我们认为，企业规则也是制度和程序的统一体。

所谓制度，是防止并惩罚企业成员做错误的事；所谓程序是指导人们做正确的事和正确地做事。

一个企业的制度应该是刚性的，就是让企业成员明确哪些事是坚决不能做的，否则必然受到严厉的惩罚。对于企业的制度来说，应该体现"热炉法则"，即人们都知道炉子是热的，而且敢于碰它的人会无一例外地受到伤害。

对于管理者来说，重要的不在制度，而在于程序，即指导企业成员做正确的事以及正确地做事。

所谓做正确的事，即要求企业的战略必须正确，能够使企业的付出得到最大程度的回报，否则员工的付出即是无效的付出，

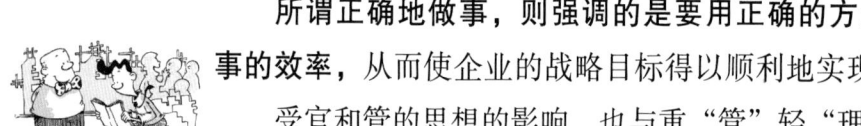

无疑是一种浪费。

  所谓正确地做事，则强调的是要用正确的方法做事，提高做事的效率，从而使企业的战略目标得以顺利地实现。

  受官和管的思想的影响，也与重"管"轻"理"的思想相应，我们的社会历来都重制度、轻程序，表现在做事上就是轻过程、重结果。但是，正如我们在《细节决定成败》一书中所说的：要想时针走得准，必须控制好秒针的运行。如果过程不对，就得不到预定的结果。

  一个小和尚在庙里担任撞钟一职，三个月之后，觉得无聊之极，"当一天和尚撞一天钟"而已。有一天，主持宣布调他到后院劈柴挑水，原因是他不能胜任撞钟一职。小和尚很不服气地问："我撞的钟难道不准时、不响亮？"老主持耐心地告诉他："你撞的钟虽然很准时、也很响亮，但钟声空泛、疲软，没有感召力。钟声是要唤醒沉迷的众生，因此，撞出的钟声不仅要洪亮，而且要圆润、浑厚、深沉、悠远。"

  从管理的角度讲，本故事中的主持犯了三个错误：一是主持没有提前公布工作标准，使小和尚不知道撞钟要撞到什么程度；二是没有向小和尚说明撞钟的重要性，而不明白工作的意义，容易使他产生懈怠心理；三是没有对小和尚进行相应的训练，使小和尚具备相应的工作技能。所谓凡事**"预则立，不预则废"**，指的就是事先要对所布置的工作进行全面规划，让执行者知道做什么（明确工作职责）、为什么做（明白工作的意义）、怎样做（做事的方法）以及做到什么程度（工作标准），只有这样，才能保证执行者达到让管理者满意的工作效果。

  所以，我们将管理规则划分为制度和程序，是想说明：在某种程度上,程序比制度更重要。要想达到满意的管理效果,就必须通过一定和程度来保证这种效果的实现,否则只注重结果而不注重过程,往往会欲速不达,得不到所期望的结果。而注重程序,在实践中的表现就是要加强对员工的培训。

从这一点来说,现在一些贴在墙上的岗位职责,已经不能满足企业精细化管理的要求了。现在,一些实行岗位职责的企业都把岗位职责挂在墙上,但这些只有十余条款的岗位职责,只是对工作内容和工作任务做了简单的描述,根本达不到支持企业成员顺利完成任务的目的。为了满足精细化管理的要求,使管理程序真正能够帮助成员顺利完成任务,应该使岗位职责更加完善,同时对员工进行相应的培训,使员工具备完成相应工作任务的能力。现在,那些精细化管理做得比较好的企业,已经用员工手册代替了岗位职责,岗位职责更加细化。

可口可乐公司业务代表部分的销售工作手册共有12个一级目录、47项二级目录。工作任务被描述得十分细致,一个工作人员拿到该手册,就可以知道自己有哪些任务,也相应地就知道自己该如何着手工作了。

> 精细化是未来十年的必经之路。
>
> ——万科集团前董事长 王石

第四部分 精细化始于管理者

精细化管理

三、关注倾向性、类型性的问题

在中国绝大多数的组织当中,都是领导者个人说了算的绝对领导体制,领导者个人决定了整个组织系统的运行状况。那么,领导者或者说决策者怎么知道组织的运行状况呢?那就是时刻关注着企业的各种各样的细节。

细节作为一种反映事物内在联系和本质的微小事物和情节,本身即具有一种预测的功能,通过一些具体的小事和细节,可以反映整个组织系统的运行情况。领导只要抓住这种带有倾向性的小事和细节,并着手加以解决,就可以起到示范效应,从而带动整个工作。张瑞敏即主张要抓住带有倾向性的小事和细节。他说:"作为企业的领导,要有一种对一件事一抓到底的韧劲。在中国企业里,往往是领导做出一个决策之后,在向下传达过程中出现衰减或偏差。如果你不能一直盯住,很多事你以为已经到位,下面往往还没开始干。我们的做法是,一件事从头到尾抓出一个模式来,再把这个模式推而广之……有时候,必须抓得非常具体,当然是属于带有全局性、趋向性的问题。"他认为,每抓好一件小事等于抓好了一批事,因为每一件事都不是孤立的,抓好了一件会连带把周围的一批事都带动起来。

第四部分 精细化始于管理者

有这样一个例子，原冰箱二厂厂长出差时，手下一员工上班打瞌睡，张瑞敏抓住这件事，加倍处罚了这位厂长，震撼了集团干部。张瑞敏认为，这件事反映了当时干部以及整个集团中一种普遍的骄傲自满的倾向，觉得企业发达了，日子好过了，对自己可以放松一些要求。这种倾向如果任其蔓延，就会涣散员工的积极性，从而慢慢减弱系统的威力，是非常危险的。所以，张瑞敏抓住这一带有趋向性的小事，进行惩罚，起到了防微杜渐的作用。

关注带有倾向性的小事和细节，可以说既是管理者的一种责任，也是管理者的一种素质。

汉代的丙吉是一位有功而不伐、德博而化的贤明之人，在汉宣帝时官至丞相。有一次，丙吉外出，在路上正好遇上因清道（为皇帝外出清除道路，驱赶行人）而发生的群殴，丙吉从那儿经过时却不闻不问。同行官员觉得很奇怪，又不敢问他，只得陪同往前走。走到另一个地方看见有人赶着一头牛。这头牛走得气喘吁吁，热得直吐舌头。这时，丙吉却让车子停下来，派侍卫人员问赶牛的人："你赶这头牛走了几里路了？"

陪同官员觉得丞相莫名其妙，刚才在路上死伤了人都不闻不问，这会儿却对一头牛问个不休，于是壮着胆子对丙吉说："丞相您是不是搞错了，您该问的不问，不该问的却问个没完。"

丙吉意味深长地对他们说："百姓相斗而死伤了人，管这种事是长安令、京兆尹等官员的职责，应由他们派人去抓捕、审理。到年终丞相只负责考核他们的政绩是优还是劣。根据考核的结果奏明皇上对他们进行奖赏或惩罚就是了。作为一个当朝丞相，不应该亲自管一些不该自己去管的具体琐事，所以刚才路过群斗的现场，我就不加过问。奇怪的是，现在正是春令时节，天气不应

131

精细化管理

该太热,我看那头牛喘得那么厉害,是因为太热了。若是春令天就那么热,那是时令失调,不符合节气的征兆。气候反常对农作物和人都可能带来灾害。我身为丞相,是朝廷百官之首,我的职责就是要使国家风调雨顺、国泰民安。只要是有关这方面的情况,我都要负责争取预先搞清楚,才能做到心中有数。所以,我对牛喘气吐舌的现象就不能不亲自过问了。"

经过丙吉的说明,陪同官员都非常叹服丞相的贤明。在他任丞相期间,各级官员职责分明,上下有序,朝廷大政井井有条。汉宣帝在这些良臣的辅佐下,国家日益繁荣富庶,广大百姓安居乐业,社会风气良好,连刑狱案件都很少发生了,史称"昭宣中兴"。

深入基层,与一线员工接触,从一些小事和细节中感受组织系统的运行状况,是一个管理者必不可少的工作内容。大家已经知道了通用公司前总裁杰克·韦尔奇"深潜"的例子,还有很多这样的例子。

◆ 让灯光照在货架上。维尔纳是拥有1370家连锁店、20000名员工,2002年的销售额高达26亿欧元的DM连锁店的总裁。有一天,当维尔纳走进一家DM分店时,他要求分店经理拿扫帚来。这家分店的经理疑惑地把扫帚递给维尔纳:"维尔纳先生,我不明白您要它做什么?"维尔纳指着地下的灯光说:"您看,灯光的亮点聚在地上,什么用处也没有。"于是,维尔纳用扫帚柄拨了一下上面的灯,让灯光照在货架上。

这样的小事也要由大老板过问,并且亲自动手,岂不把他累死?维尔纳解释他注重细节的用意时说:"这样做给人留下的印象远比下达批示深刻得多。当然,我不可能每天到所有的分店跑一圈，每一个细节都不放过，但是，'商业教皇'布鲁诺·蒂茨说得对：'一个企业家要有明确的经营理念和对细节无限的爱'。"

◆ 把椅子靠背锯掉。美国麦当劳快餐店创始人雷·克罗克是美国有影响的大企业家之一，他不喜欢整天坐在办公室里，大部分时间都用在"走动式"管理上，即到所属各公司、各部门走走、看看、听听、问问。公司曾有一段时间面临严重亏损的危机，克罗克发现其中一个重要原因是，公司各职能部门的经理官僚主义突出，习惯躺在舒适的椅背上指手画脚，把许多宝贵的时间耗费在抽烟和闲聊上。于是克罗克想出一个"奇招"，要求将所有经理的椅子靠背都锯掉，经理们只得照办。开始很多人骂克罗克是个疯子，不久大家悟出了他的一番"苦心"，纷纷走出办公室，开展"走动式"管理，及时了解情况，现场解决问题，终于使公司扭亏转盈，有力地促进了公司的生存和发展。

> 人员流动率超过10%的或者平均缺勤率超过3%，一定是整个运行系统出了问题。一定要弄清楚，并从系统着手来解决问题。
>
> ——《细节决定成败》作者　汪中求

四、布置不等于完成

布置不等于完成,而只是管理的开始,这是一般的管理常识。但是,在长期的企业管理实践和咨询实践中,我们却发现很多企业管理者把布置当作完成。因为,他们在布置之后就以为万事大吉、高枕无忧了,所以他们在布置之后,既不去跟踪督促,也不对结果进行落实检查和评估处理。

可以说,布置即完成,是很多管理者梦寐以求的理想。它表明了企业非常的行动力和执行力。但实际上,由于现阶段我国的企业这种执行能力相对较弱,所以,把布置当作完成的管理者,不仅所布置的任务没有得到落实,或者落实没有到位,反而使企业更加背离精细化管理的方向。

没有不合格的员工,只有不合格的管理者。就"布置等于完成"这一问题来说,这样做的管理者实际上是省去了后续的管理步骤。对于一个完整的任务流程来说,管理者在布置完任务之后,还应该有跟踪督促、检查落实、结果评估等环节。把布置当作完成的管理者实际上是偷工减料,管理有失于粗放。且不说后续的管理环节,就拿布置任务来说,很多领导也做得非常不到位,根本达不到精细化管理的要求。

对于管理者来说，布置任务粗放或是细致，对执行效果有着密不可分的关系。许多企业，管理者在布置单项任务或临时性工作时，只是简单地分派任务，指定张三做这件事，李四做那件事，下达任务之后，就算布置完了。这样粗放、笼统地布置工作，难免使工作达不到满意的结果。

在我们看来，布置工作，至少需要以下几个步骤。

第一，与责任人或责任部门沟通，阐明工作内容、目的、事情结果好坏对企业的影响。

第二，落实责任到具体个人。

第三，提出工作质量标准，即工作的质量要求。

第四，明确工作数量、进度要求、完成时限。

第五，提示工作的重点、难点，对易出差错之处提请注意。

第六，说明工作流程。可以提示工作方法，但更注重让其在实践中摸索。

第七，说明要对结果进行检查，并说明考核事项、考核标准，并根据考核结果进行奖惩。

明确了布置的任务，并有了这样细致的要求，要任务接受人做不精细都不容易，除非接受任务者故意或者能力不够。那就属于另外的管理内容了。

根据实践经验，在一些比较小的企业里，我们建议并向大家推荐以下三种做法：**承诺制、进度表、口头复述**。

承诺制就是部下在接受任务时，当面将要完成的任务的项目和要点记在纸上，标明完成日期，签字后交给管理者，以备日后考核的一种管理办法。

承诺制的理由很简单：在日常生活中发生借贷等资金往来时，

都要立个字据，写个借条等，而在企业等组织中，部下领受的任务，其价值远不止百元，可能以十万元、百万元、千万元甚至亿元计，远比几百元钱重要得多。这么重要的任务，领受人一定要有承诺，而签字就是承诺的最好形式。到时候，管理者即可以拿承诺来责问任务领受人，到底完没完成任务、完成得怎么样等，加强考核，既可以考核当事人的办事能力，也可以检查其责任心等。在企业管理实践中，凡是认为比较重要的事，都应该让领受人在承诺书上签字。

进度表是承诺制的扩大形式，比如，那些需要多人参与、齐头并进方能在约定期限内完成的事，就不是个人的能力所能完成的，而要采取进度表的方式。

进度表内应该包括下列项目。

序号：用以表明完成这一系统工程需要组合的项目数量。

项目名称：即要完成这项复杂的工程，需要做好多少具体的事项，才能完成。

项目内容：说明要完成该项目要具体做好哪些事。

完成时间：即根据完成大任务的总体需要，按照运筹、高效的原则，确定每项任务完成的时间，以保证各项目之间的先后顺序，协调运行。

责任人：即完成该项任务的人，要明确每项事务只能有一个责任人，而不能有两个以上。

监督人：即对责任人的工作情况随时监督、检查，以保证工作顺利进行。

验收标准：即说明每项事务做到什么程度才算完成任务。

备注：用以对一些事情进行补充或附加说明。

项目进度表的格式如表 4-4-1 所示。

表 4-4-1　项目进度表的格式

序号	项目名称	项目内容	完成时间	责任人	监督人	验收标准	备注

在实际操作中，进度表是一种简单而有效地增强执行力的方式，它是复杂的问题简单化的结果。这需要管理者能将复杂的问题分解成一个个可具体操作、有机结合的小项目，然后再由专人负责完成，最后有机地完成整个复杂的系统工程。

对于一些较为复杂、难度较大的项目，管理者还应就这些事项与责任人进行探讨，让责任人提出完成任务所需的一些后勤及人力方面的保障等，而且，责任人还应该将领受的任务进一步细分，最终使每一项事务都有具体的责任人在实际操作。管理者则应该做好协调工作，保证各事项的顺利进行。

进度表是对管理把握问题实质的能力以及组织、协调能力的一次考验。管理者首先要有化繁为简的能力，将复杂的任务分解成能让下属执行、操作的一件件具体的事，同时还要组织协调好，使所有参与者的行为形成一个有机的整体。

化繁为简是一种很重要的能力，也是提高执行力的有效手段。已故美国总统格兰特就提倡这种做法。他在实践中发现自己发布

（精细化管理）

的很多命令过于复杂，使部下难以准确地理解和把握，于是，他改弦易辙，决定化繁就简，并将门卫换成一个智力很普通的卫兵。他每次起草文件时，都先读给这名卫兵听。如果卫兵听不懂，或听起来吃力，他就拿回修改，直到卫兵能完全听懂后，才最后下达命令，以此来提高执行力。

还有一点，管理者不应该忽略：当管理者将复杂的任务分解为各个简单的可以执行的事项之后，不免有单调之嫌，很可能让具体做事的员工有枯燥、无聊之感。所以，管理者应该在布置任务时，一定要说明这种小事在整个运行系统中的位置，以及其对系统运行的意义，以焕发员工的工作热情，并鼓励他们创造性地进行工作。这样更能富有成效地、创造性地完成任务。

口头复述是指对于一些非常简单的事，不需要让领受人烦琐地签字承诺，而只口头复述一下该做的事即可。有的事情太简单了，比如让人买一张明天早晨8点钟从乌鲁木齐到上海的机票，根本用不着落实到纸面上去。这时要求接受任务的人必须把要做的事项复述一遍。这个口头复述是接受简单任务的好方法。这种方法并不稀奇，日常应用得也很多，如神舟五号发射之际，为了避免错误，各个接受命令的人一定要重复一遍命令；在高级酒店，顾客点完菜后，服务员一定会将菜单复述一遍，以免上菜错漏。所以，在很多场合，复述制都是一种很重要的方法。在最初向员工提出要求的时候，可能会让员工反感，认为是把他们当傻瓜管理。但我们认为，在某些时候，管理者就是要从零开始，把员工当成一张白纸，在上面画上管理所需要的图画。比如，微软的WINDOWS系统，每打开一个视窗时，上面都有"是""否""取消"几个选项，而且每次都有。为什么？就是为了减少我们细节上的差错。

在日常工作中,我们常遇到这样的情况,即管理者认为命令下达清楚了,也认为受命者听清楚了,或者受命者自己认为听清楚了,但因为缺乏复述这一认证程序,所以,在执行时却完全做错了。例如,有一次,笔者亲自接到一个客户以快件发货的请求,要求货物在限定的期限内到达。为了满足客户的这一要求,笔者当即向身边的人员下达了指示,让其通知有关人员向该单位快件发货,为慎重起见,还专门向负责发货的人员直接通了电话。得到的都是完成命令的保证,但是,在预定货到的前一天晚上,客户来电话催问,笔者向有关人员核实时,却发现这批货根本就没发。为了保证信誉,在不得已的情况下,笔者只好专门派人打出租车前去送货,以保证客户能够及时拿到货。就这样,本来只花百十来元就能解决的问题,结果花了二千多元。

所以,复述制是在下达简单的任务时,提高执行力的有效办法。

> 飞机驾驶员必须严格按照系统指令来操作,不允许随意发挥。
>
> ——《细节决定成败》作者 汪中求

第四部分 精细化始于管理者

第五部分
每个成员都是管理者

【精细化管理】

在这里，每一位员工都是管理者主要包含两重含义：一方面，每一位员工都是企业精细化管理的对象、载体和参与者；另一方面，每一位员工都是企业精细化管理的主体和实施者。精细化管理是一个全员参与的过程，只有每一个人都参与到精细化管理中来，精细化管理才能落到实处，才能发挥其应有的功能。精细化是全员的精细化，如果缺乏员工的积极参与或参与不到位，精细化管理也就失去了意义和价值，所谓"皮之不存，毛将焉附"。

所以精细化管理的目标就在于让组织的每一位员工通过参与到精细化管理的过程中来，最大程度地发挥自己的潜力，成为企业竞争力的一个有机组成部分。因此，精细化绝对不仅仅是企业少数领导的事，而是企业全体成员的事情，要求每一个员工都能适得其所，最大程度地发挥其工作积极性和自身的潜力。但这些是需要企业的整个制度系统设计完善方能达到的。

在企业的制度建设中，我们一直强调**理念先于制度，制度重于技术**。在制度设计时，要注意以下三点。

一是要有利于一种团队精神的培养和建设，培养人们的合作精神。一个人的力量再大，也比不上一个训练有素、协调一致的集体，只有优秀的团队才能创造优秀的业绩。

二是要力求使每一位员工都能最大程度地发挥其积极性。

三是致力于系统整体的协调优化。形成无人不做事、人人有事做、事事有人管的有机整体。

与技术比较起来，一种能够刺激人才智慧、激励人的创造热情的制度安排比技术本身更重要。不论哪种高新技术，其发展主要还是依靠人的创新能力，进入知识经济时代，更要依靠人力资本实现制度、技术的全面创新。

每一位员工都是管理者是社会分工发展的必然结果，社会分工要求每一个人在企业运行中承担某一项功能，成为整个企业有机系统的一个部分或一个环节，在整个系统中他只是一个部分或一个环节，但在这个部分或环节中，他又是全部，没有人可以成为系统的全部，系统每一环节功能的发挥必须依靠其他成员的配合和参与。木桶理论告诉我们，一个木桶能装多少水是由最短的一块木片决定的，每一位员工参与精细化管理的程度和效果决定这个企业精细化管理的成效，精细化管理要求每一位员工都是管理者，都必须积极参与到精细化管理的过程中来，也只有每一位员工都积极参与到精细化管理的过程中来，精细化管理才有其落脚点，整个企业系统才能产生有效的功能。

另一方面，木桶理论还告诉我们，一个水桶能装多少水不仅由最短的一片木片决定，还要由木板间的缝隙决定，企业各成员之间的配合和协调也是决定企业系统运作成效的决定性因素，因此每一个成员都是管理者既有理论意义，又有现实意义。

每一个成员都是管理者包括了三重递进层面的内容：接受管理、参与管理和自我管理。与此相对应的管理内容分别是工作流

精细化管理

程,岗位标准和个人行为也即个人前途的管理。每一个成员都是管理者要求员工在精细化管理的过程中既要自觉接受管理:作为管理的对象,服从工作流程安排,按照工作的要求规范自己的行为;又要立足本职岗位,主动参与管理,严格按照岗位标准,认真履行职责;同时更要积极加强自我管理,通过自我的管理和自我完善,提升职业素养,协调与其他组织成员的关系,获取发展机会。

每一个成员都是管理者,对企业而言,是提升企业竞争能力的需要,企业通过管理的精细化,管理系统更加协调有效,管理更加科学规范,企业更有竞争力;对企业成员而言,个人通过参与到精细化管理的过程中,提升职业素养,养成科学求实,扎实做事的良好职业习惯,为职业生涯的进步打下良好的基础。

> 做企业做的是品牌,做事业做的是人。
> ——习惯研究专家 周士渊

一、把小事做细，把细事做透

做事粗糙，满足于"差不多"，是管理不善企业的痼疾，也是我们产品质量和服务质量上不去的重要原因。**在工作中，没有一件事情小到不值得去做，也没有一个细节细到应该被忽略。**德国物理学家威廉·康拉德·伦琴发现 X 光的故事为我们如何做好细节提供了启发。

一天，潜心于阴极射线研究的伦琴像往常一样，独自在伸手不见五指、充满嘈杂放电声的实验室里工作，忽然发现一张纸上有微弱的亮光。仔细一看，亮光是来自一个学生在纸上用荧光物质写的一个字母 A。由于阴极射线在空气中只能传播几厘米的距离，这微弱的光线，一定是由比阴极射线更有穿透力的未知光线造成的。

做事严谨、细致的伦琴没有放过这一细节，他又用一张扑克牌测试，还是可以穿过。然后，他找了一本很厚的书，发现可以在荧光幕上形成清晰的影子，显示这束光线也是直线行进。为了观察这种光是否能穿透金属，他把小铅块放在荧光幕前。除了铅块的影子之外，令他更惊讶的是，拿着铅块的手也在荧光幕上出现，而且可以清晰地见到骨头的形状。他用磁铁改变阴极射线的

【精细化管理】

行进方向，几分钟内就确定了这种光的来源是阴极高压线撞击管壁的位置。同时，他也发现这种光和可见光一样，不受磁场的影响而偏向，所以不带电。但是这种光与可见光还是有很大差异，他无法观测到反射、折射或绕射的现象。他还发现这种光也能使底片感光，于是制造了三张照片。就这样，伦琴做出了一个伟大的发现，并因为这一发现而获得了第一届诺贝尔物理学奖。

伦琴发现X光后，有许多人宣称他们早就发现了，也有许多人认为伦琴只是运气好。事实上，一定有很多人见过X光的现象，只是没有深究罢了。在伦琴发现X光的15年前，伦敦大学的克汝克士就发现阴极射线管旁的感光板常常有曝光的现象，可是他只是向感光板供应商抱怨质量不好，而没有细究。

可见，做事细致不细致，其效果是截然不同的。古语说"隔行如隔山"，这是从做事的技术层面而言的。但我们更相信"隔行不隔理"。凡事只要持认真的态度和科学的精神，把小事做细、把细事做透，就会不断地取得进步。

前面我们已经谈到，工业化大生产和社会分工使得专业化程度越来越高，专业化和分工就要求人要做小事，做细事。

另一方面，团队的合作也要求人要做小事，做细事，做透事。但是，许多人认为小事不足挂齿，细节无关紧要，其实这种态度正是一个人职业生涯中最大的绊脚石。企业最需要的就是每位员工立足本职工作，做好每一个细节，做好每一件小事，而养成认真做事，踏实做事的职业态度和职业习惯正是一个人职业生涯进步的先决条件。如果你只是酒店的一个门童，你能认认真真、仔仔细细地做好门童岗位的每一件小事和细事，以最真诚的微笑，最细致的服务，来最投入地工作，你一定会成为酒店的"第一门童"；如果你只是一名保安，你对经过面前的每一个人都认真对待，最真诚地问候，最标准地敬礼，你一定是第一保安。一旦你成为第一门童或者第一保安，你的职业生涯就已经开始发生变化了，可能你会很快成为领班或者主管，如果你能做好领班或主管的每一件小事，每一件细事，很快你就会是经理了。实际上，每一个能够做好手中小事，做细小事，做透小事的人，会形成一种让人不可忽视的良好的职业态度和职业习惯，这种良好的职业态度和职业习惯是每一个企业都会十分需要和欣赏的，当你是一个企业十分需要和欣赏的人时，你的个人命运就已经要开始发生变化了。因此，不管你是否喜欢你目前的岗位，你的老板，你的企业，学会用心做事，把小事做细，把细事做透，都将对你产生积极的作用。

我们主张重视细节，实质上是提倡一种认真的态度和科学的精神，所以，做好细节，重要的就是用心工作。李素丽所说的"认真只能把工作做对，用心才能把工作做好"，讲的就是这个道理。

用心是我们做好事情的关键。做了一辈子工作的人很多，但成为相关方面的专家的很少，为什么？因为我们做事不用心，只**不过是会做这种工作并把这种经验重复了一辈子而已**。人与人之间的智力差别不是特别大的，差别在于人的努力程度，在于用心程度，而是否重视细节，则表明了你的用心程度。

比尔与弗兰克同时进入一家公司工作，但进入公司一年后弗兰克的工资增加了，而比尔的工资却没有增加。对此，比尔愤愤不平地找到经理，问这是为什么。

老板鲍斯对他说："你和弗兰克的确有些不同，我让你看一看

精细化管理

你们之间有什么不同。"他接着对比尔说:"你到市场上去考察一下棉花的价格。"

比尔应老板的要求去市场考察一番,回来告诉老板棉花的价格。老板接着问:"市面上共有多少家卖棉花的店铺?"比尔只好无奈地摇摇头,表示不知道。老板对比尔说:"你看看弗兰克是怎么干的。"接着老板叫来弗兰克,并向他安排了同样的任务。

弗兰克从市场上回来后,不但回答了棉花的价格,而且说明市场上有三家卖棉花的店铺,并了解了棉花的市场潜力;为了让老板清楚地了解情况,他还以要与其合作的名义,将棉花质量最好的一家店铺的老板请过来。

老板对比尔说:"你看到弗兰克是怎么做了吧?这就是你们俩同时进公司但工资却不同的原因。"

我们看到,在这个故事里,**同样的工作,在不同员工的眼里被赋予了不同的内容,同样也就赋予工作以不同的价值。**用心的员工,始终都会通过做好每一个细节,形成良好的工作习惯,促进职业生涯的发展。

把小事做细,把细事做透是企业管理的基础要求,对企业有着积极的意义,而企业的员工养成把小事做细,把细事做透的职业习惯,这样的企业一定是很有执行力和竞争力的企业,贯彻了这一理念的企业就能形成自己独特的企业文化。

现在,随着产品和服务的日趋同质化,竞争越来越激烈,**精细化管理时代已经到来,细节决定着未来企业竞争的成败。**只要我们在每一个细小方面、每一个环节上都比竞争对手高一筹,那么我们的产品和服务,就会比竞争对手高一筹,就会在竞争中获胜,正是基于这种认识,中国航天集团703所提出了"多做

0.02"的口号。

为了营造细节文化,航天材料及工艺研究所提出"关注细节、多做0.02"的口号,号召全体员工从自我做起,从现在做起,从点滴做起,从基础做起,从细节做起,每人都多做0.02,并且永远都多做0.02,铸就一流企业的实现就来自细节0.02。

他们通过以下两种算式来解释"多做0.02"含义。

一种算式如下。

$0.99 \times 0.99 = 0.9801$

$0.99 \times 0.99 \times 0.99 = 0.970299$

$0.99 \times 0.99 \times 0.99 \times 0.99 = 0.96059601$

$0.99 \times 0.99 \times 0.99 \times 0.99 \times \cdots\cdots$

如此乘下去结果是越乘越小,无数个0.99相乘,就会接近于无限小。如果标准的工作是"1",那么"0.99"所代表的就是"还行""还凑合""还不错""差不多"。看起来,0.99和1的差距也不是很大,但无数的"还行""还凑合"中越办越差,导致最终的衰败。

另一种算式如下。

$1.01 \times 1.01 = 1.0201$

$1.01 \times 1.01 \times 1.01 = 1.030301$

$1.01 \times 1.01 \times 1.01 \times 1.01 = 1.04060401$

$1.01 \times 1.01 \times 1.01 \times 1.01 \times \cdots\cdots$

如此乘下去结果是越乘越大,无数个1.01相乘,就会接近于无限大。我们每一个人的工作也是如此,如果本职工作比标准要求的多做一点点,多想一点点,在基础、细节上多关注一点点,不是做"1"就行了,而是做到"1.01",那么企业就会在每个人

的细节努力工作的积累中蒸蒸日上，越做越大。

0.99与1.01之间的差距是0.02，就是我们所说的细节。关注工作细节、基础细节、服务细节、协作细节、沟通细节，在细节上永远多做0.02的工作态度和工作作风，一定会让企业永远立于不败之地。

> 严格是管理的第一要义。管理的无情就是对职工最大的有情，管理的松懈就是对职工最大的伤害。
>
> ——青岛钢铁集团前董事长　王玉科

二、强化规则意识，打击小聪明意识

在实行精细化管理的过程中，我们还要注意强调规则意识。规则是一种行为标准，从管理的角度上说，是一种精细化的结果，所以，**遵守规则意味着精细化做得到位。**

规则意识的缺乏，肯定会从各个方面反映到企业的管理中来，所以，企业在实行精细化管理中，一定要培养员工的规则意识。规则的外在环境不好，但通过实施精细化管理，企业完全可以营造一种有利于企业发展的内部环境，像海尔集团，员工在厂区内上下班严格执行右侧通行的规则，这不仅仅能看出员工遵守规则的意识较强，更显示了员工与社会以及与其他企业区别开来的素质。

所以，要实行精细化管理，强化组织成员的规则意识是一个重要方面。一个没有规则的组织，必定混乱不堪，不会有任何执行力，没有任何组织效率。在培养规则意识的过程中，打击员工的滑头意识是一个重要方面。根据实践，我们认为，规则意识的形成一则在培养，更重要的在于"管"。

我们强调在企业的管理过程中，要"理"优先于"管"，但不等于不需要"管"，而处罚即是"管"的一种重要而有效的手段。

精细化管理

当然，处罚也需要精细设计。有一家国有企业，迟到、早退的问题总也解决不了，成了企业的一个顽症。企业虽然也有对迟到早退的处罚规定，但法不责众，违规的人太多，企业也就对此问题睁一只眼、闭一只眼。后来，一位新上任的总经理决定彻底解决这一问题。经过一番研究后，他向大家宣布：在众多的迟到和早退的人当中，只惩罚那个最后迟到的人和最早离岗的人。只要迟到和早退被记录3次，就取消全年奖金。随后，他就站在工厂的大门口进行检查，结果不到一个星期，迟到和早退的问题就被解决了。

遵守规则是精细化管理的重要内容。精细化要求标准化，而规则就是标准化的一个方面。所以，一个企业一定要使员工养成规则意识，严格遵守企业的规章制度，使企业的规章制度得到不折不扣的执行。无威不足以立规，不惩无人守规。所以，对于那些无视制度、不守规范的人要严惩不贷。因为，违规必然要带来企业资源的浪费，自然应该受到惩罚。

其实，许多无视制度、不守规范，或者篡改规则的人都是很聪明的人，但聪明的人容易被聪明所误，聪明和智慧两者之间是有很大差别的，如果对两者进行对比，我们会看到这样两副面孔。

聪明的人：精明，不吃亏或很少吃亏，眼前的利益很少会损失，对小事不屑一顾，遇到困难马上避开，能快速判断一件事、一个人对自己的利益和影响。

智慧的人：感觉不精明，不与人计较，规规矩矩地做好每一件小事，干的活比别人多，但拿的不一定比别人多，遇到困难和挫折能持之以恒。

对这两类人在组织中的表现，我们有以下这样的描述。

前者每天准时上班，准时下班，下班前不忘打上几个电话，安排好娱乐的项目，一听说加班，气得不行。后者可能每天提前半小时上班，把办公室的准备工作做好，给其他同事泡好茶，下班比别人晚，总是检查办公室的门窗，帮同事整理整理物品，倒倒垃圾，最后一个离开办公室。几年后，这两种人的命运一定会完全不同，后者可能已是前者的领导了。这一点可能是许多聪明的人难以感悟得到的。

强调规则意识的另一个目的就是要在企业中建立一种企业共同的文化氛围，形成企业自己的个性。不同的企业有不同的规矩和规则，在这些规矩和规则的贯彻和执行过程中，企业慢慢地会有自己的风格，这种风格逐渐深入到企业的各个方面，就形成了企业的个性。这种个性在市场竞争中能够体现出与其他企业的差异性。今天的市场竞争实际上就是企业差异、企业个性的竞争。**有差异的、有个性的产品和企业更能被消费者接受。**因此，规则意识的建立是企业市场竞争的一个重要方面。

建立规则意识还是企业运行的基本保障，是形成员工职业素质的基础手段，军队之所以是最有效率的组织，就是因为军人拥有以规则为基础的良好职业素质，要培养员工的职业素养，树立规则意识是最基础的手段。

> 设备没有达产的关键不在技术，而在管理。技术仅是手段，科学管理才是核心。而管理要靠高素质的人来实施。怎样管好人？只有靠科学合理的制度。
>
> ——青岛钢铁集团前董事长　王玉科

三、总经理也是员工

我们说实行精细化管理，必须培养员工的规则意识。但是，反过来说，为什么员工缺乏或者说没有养成规则意识？因为管理者没有做出榜样。很多企业都有相应的管理规则，但在管理者看来，这些规则都是用来针对员工而不约束他们自己的。他们是游离于管理规则之外的。这在一些小企业里是可以理解的，因为他们既是企业的管理者，又是企业的所有者，既然是老板，公司干好干坏，直接关系他们的身家性命。

但在一些大型的企业中，企业的经营权与所有权是分离开来的。在这种治理结构下，管理者也是企业的一名员工，也应该像员工一样，遵守企业的规则。在我们看来，企业的管理制度没有得到很好地贯彻执行，一个重要的原因就是企业的管理者没有以身作则，率先垂范，结果员工也就纷纷效尤，不遵守规则，最终导致企业的规则成为一纸空文。员工也就在这种状况下士气涣散，没有任何执行力。

其实，我们更应该贯彻总经理也是员工，总经理只是一个岗位。岗位就是职责，就意味着与这一岗位相应的游戏规则。在许多组织里，规则就是首先被领导人破坏的，他们往往认为规则是拿来管员工的，而自己只是规则的制定者，不是规则的遵守者，是有权游离于管理规则之外的。

这种"刑不上大夫"的管理思想是对规则的最大破坏。在企业中，最应该遵守规则的人首先是总经理，总经理的权力就来自规则，是规则赋予总经理权威和地位，破坏规则就是破坏总经理自己的管理基础。

总经理还是整个组织系统中的一个重要环节，总经理与其他员工不同的是岗位不同，在系统中的位置不同，相同的是对规则的执行。总经理工作的成效更大程度上是来自其他员工工作的成效，如果其他员工对规则篡改或者不遵守，最后受损的是企业，是总经理。因此，规则的制定者更应是规则的践行者，因为，规则的最大受益者一定是规则的制定者

我们都知道，在发展的不同阶段，企业管理的重点是不同的，所谓小企业靠市场，中型企业靠制度，大企业靠文化。当企业度过生存期，进入程度达到一定规模的发展期之后，就应该注重制度建设。而在制度建设中，一定树立制度重于权力的观念。这就要求，管理者不能游离于管理规则之外，必须遵守而且要带头遵守企业的各项管理制度。制度的权威需要靠有权威的人来维护，如果管理者不遵守制度，那么企业的管理制度就变成一纸空文了。

汉文帝时，地处北方的匈奴屡屡犯边，汉文帝令宗正刘礼将军驻霸上；令祝兹侯徐厉将军驻棘门；令河内郡守周亚夫将军驻细柳，以防备匈奴入侵。

后来，汉文帝亲自去慰劳军队。到达霸上和棘门军营时，直接跑马进营，将军和手下的官兵都骑着马迎来送往。但到了细柳

精细化管理

军营,却被要求下马。护卫说明这是皇帝,让卫兵放行。守卫营门的卫兵说:"军中只听将军的命令。"待传报周亚夫之后,皇上才得以入营,但守门的军官还是交代了,不能在营中骑马,因为将军有令。文帝只好牵着马慢慢前进。到了中军营帐,将军周亚夫全身铠甲,向皇上请求以军中礼节参见。汉文帝深受感动,禁不住赞叹:"细柳将军,名不虚传!"

汉文帝日后告诫太子说:"国家若有急难,周亚夫可以担当带兵的重任。"后来,汉惠帝统治时期,发生七国之乱,周亚夫在平定七国之乱中发挥了重要作用。

制度是企业管理的底线,如果制度得不到遵守,那么这个企业就很难具有执行力。

在企业中,总经理与普通员工各自通过岗位对企业产生不同的影响,但是,如果他们违背规则,不按规则行事,对企业的负面意义却是一致的。一个将军可以毁灭一个王国,一个仆人也可以毁灭一个王国。

在管理的实践中,企业领导更愿意把管理理解成组织、计划、监督和控制,往往忽略管理的服务功能。总经理掌握着企业最重要的资源,他对资源的配置在多数情况下是主观的,员工在工作中完全可能在需要相应资源支持的时候不知道可以获得什么支持,不能产生应有的工作成效,造成企业的损失和资源的浪费或闲置。我们认为,**每一位管理者都应该是被管理者的工具箱,是为被管理者提供支持和资源的**,就像战士在前面冲锋,长官要为战士提供足够的资源和精神的支持一样,总经理就是业务员的工具箱,是为业务员和其他员工完成任务,更好地为顾客提供服务的工具。

长期以来，我们在企业中形成了明显的职业等级观念，把总经理仅仅当作领导人，用各种层级来固化职业等级，在同一组织中，似乎不同的职级可以有不同的规则，甚至可以不遵守规则，建立规则意识就要求管理者不能游离于管理规则之外，我们提倡要**消除等级职业观，建立岗位职业观**。

> 管理是引导员工与企业一同成长的过程，管理者应该为员工发挥潜力创造各种有利条件。
>
> ——《细节决定成败》作者　汪中求

精细化管理

四、设计管理的"风纪扣"

员工需要有规则意识,而规则意识需要培养。管理者可以**先设定一些细小的、简单的规则让员工遵守**,这些规则不一定与提高工作效率有什么直接的关系,只要是简单易行且不违反基本的人性即可。这些规则如果能够得到认真执行,久之就会成为员工的素质,成为企业的特质。比如,海尔集团让员工上下班靠右侧通行,未必就能直接提高员工的工作效率,但习以为常之后,就逐步养成了员工的规则意识,体现了员工的素质,同时也使海尔与其他企业区别开来。这种做法,我们称之为设计管理的"风纪扣"。

大家知道,解放军的上衣设有风纪扣。笔者一直不明白这个风纪扣有什么意义。美观?谈不上。西方国家的军队不设风纪扣,并没有人觉得不美观。有利于增加军人的技能?也很难说得通。没有人会因为系上风纪扣而使枪打得更准。总之,单纯从技术的层面上说,没有任何意义,只能是一种麻烦——多了一道手续,在设计军装时,完全可以不设计这个风纪扣(当然,这种理解并不一定符合原义)。但从管理上说是有意义的:让军人养成一种服从的意识。设计风纪扣,就是为了让你按照要求去做,而且无条件地严格执行,让士兵逐渐养成一种服从的意识。这种小事情很容易做,士兵也很快就做到了。然后，再设计相对难一些的规则，让士兵去做，这样士兵自然就会形成一种服从的意识。必要时，上刀山、下火海也绝不会退缩。令行禁止，这样军队才能形成强大的战斗力。因此在管理中，貌似无关的"风纪扣"，事关管理的大方向。

同理，在企业的管理上，有些事情不必让员工知道为什么，只要让员工知道怎样做就行了。让员工先做起来，形成习惯。什么是素质？我们认为，**素质就是包含了科学内容的习惯**。而习惯就需要慢慢培养。一位朋友去海尔开会，结果会场布置让这位朋友大吃一惊：窗明几净、桌椅整齐自不必说，就连摆放在桌面上的纸、笔等会议备品，也都放在桌面的同一个位置上，而且横平竖直，怎么看都是精确排列的。这位朋友惊奇地问工作人员，是怎样做到这一点的。对方回答说：现在做起来很简单，但开始我们像用木匠做工一样，用长绳沿着座位横竖拉直，把备品放在固定的坐标内，使其整齐划一。每次都这样做，日久成习惯，逐渐不用绳子卡齐也能做到中规中矩了。这就是老子所说的："天下难事，必作于易。"以简御繁，寓难于易，管理就是顺理成章的事情了。

要培养员工的规则意识，就要改变员工的观念和思维。而行为的改变是思维改变的前提。相对于观念来说，行为的改变要容易得多，所以，**就操作层面来讲，管理是一个很简单的事：给出规则，让员工不断地训练，直到形成相应的习惯**。教育的规律就是这样的：种下一种行为，收获一种习惯。

在企业管理中，许多管理的思想、原则就是通过各种形式和手段来体现的，因此，在很大的程度上管理的形式就是管理的实质，军人操正步就是战斗力，喊口号就是战斗力，管理的"风纪扣"就是管理本身。

【精细化管理】

五、合理的叫训练，不合理的叫磨炼

企业的老板们希望员工能够有极强的执行力，认真做好每一件小事，做细事，做透事，进入理想的工作状态中。但这种理想状态不是自然而然地形成的，而是要由员工的素质、企业的文化以及相应的气氛环境作保障的，这就需要培训。

执行力是企业管理者十分关注的一个话题，也是最近两年来企业的热门话题。很多老板都在抱怨员工的执行力不够，难以满足他们的要求。相信他们的话是正确的，说的也是企业的实情，排除道德因素（指员工故意破坏等），管理者应该对企业中的产品和服务质量负主要责任。简单说来，员工的招聘、工作安排、技能要求及培训、工作要求及工作标准等，都是由管理者亲自操作的，那么管理中出现的问题，当然要由管理者负主要责任了。

员工要准确地完成自己的工作，是需要培训的。培训是企业的基础管理工作，我们强调的"理"优先于"管"、程序重于制度的管理思想，都是强调员工培训的必要性。必须按照岗位职责要求、工作标准，按照企业所要达到的目标对员工进行相应的技能和其他方面的培训。否则，企业不可能产生管理者所期望的那种执行力。演出要具有表现力，就必须经过艰苦的技术训练，正如俗语所说的"台上一分钟,台下十年功"。一个军队要想具有战斗力,就必须进行严格的训练,所谓的"养兵千日,用兵一时"。企业要想员工有执行力,也必须进行严格的训练。

企业要想员工能正确地做事,就必须按照员工的职责要求、工作标准等进行严格的训练,直到员工能够熟练地胜任自己的工作。

另一方面,市场竞争越来越强调团队的合作,而团队成员间的合作是需要一个磨合过程的,在这个磨合的过程中,培训是最重要的。团队的合作更需要进行科学有效的训练,来提高团队的战斗力。

现在,企业开始越来越重视培训了。这是一个令人高兴的现象,但还是有很多企业不愿意对员工进行培训。这些企业以害怕员工跳槽为理由,不给员工培训。他们这是一种错误的观念,因为员工培训本来就应该计入企业管理的成本。他们不愿意投入这种成本,只想找成熟的员工。其实,他们这种想法,是一种贪小便宜的心理——想占社会或其他公司的便宜。而且,一些企业的老板完全在压低人力资源的成本上大做文章,极力压低员工的工资,这是一种极为短视的做法。**人力资源是一种可成长资源,在人力资源上的投入同在设备上的投入没有本质的区别,都是投资;** 要说区别,人力资源是可增值的长期资源、关键资源和战略资源,设备只是会逐渐贬值和淘汰的资源。企业可以马上引进先进的设备,提高设备等级,但员工素质的提升却不可跨越,要靠一个阶段一个阶段的提升。培训就承担了提升员工素质的功能。

还有一些企业对员工不培训或者培训得不到位,是因为企业缺乏长期规划,不知道对员工培训什么以及如何进行培训。这正

（精细化管理）

反映了这些企业缺乏长远的战略规划，不知道如何培育市场，没有品牌意识，属于那种机会型的企业，精细化管理当然就无从谈起了。

对员工的培训也需要精心设计安排，根据不同的岗位设计不同的课程，先从满足岗位职责所必需的能力做起，培养员工的基本技能，然后根据需要循序渐进地进行更高级层面的培训。

现在，很多企业重视培训是件好事，但培训也需要精细化管理，很多企业的培训在培养目标、课程设计、对学员的要求等都缺乏基本的规划，胡乱地安排了一些课程，完成了规定的培训时间就算完成了培训。更有甚者，一些企业的培训部门不知道培训经费如何花完，让培训公司开些发票向主管应付了事。

通过培训提升员工执行力，**把简单的招式练到极致就是绝招。海尔总裁张瑞敏也说：把每一件简单的事情做好就是不简单，把每一件平凡的事情做好就是不平凡。**

我们社会上的大多数人，在大多数时间里，所做的事情都是一些小事，都是一些简单的事，但有多少人在各自的行业里成为专家了呢？显然是不多。大多数人在做事时没有用心，缺乏耐心，小事不愿意做，细节做不透，所以，他们一直简单地重复着他们所做的事，而没有取得做好细节之后所应该取得的进步。

事情是简单的，但简单的背后有很多复杂的内容。所以，要做好、特别是长期地做好简单的事却是一件不容易的事。

1965年，井植薰担任日本三洋电机公司营业总部的部长，专门负责公司的产品营销工作。他一到任，就决定去巡回访问属下各处零售店，以便掌握这些商店的销售方面的实际情况，更好地联系客户，扩大销售额。

第五部分 每个成员都是管理者

有一天,他来到一家零售店,和老板寒暄了几句之后,就谈起了这个店的销售情况。谈话之间,有个住在附近的小男孩来店买灯泡。井植薰就停止了与老板的谈话,站在一边看着老板是如何做生意的:拿出一个灯泡交给孩子,老板收钱、找钱,孩子离去……十分简单,如此而已。

"老板,刚才的孩子是谁家的?"

"不知道,大概就是附近的吧?"

"平常,你就是这样做生意吗?"

"是呀。"

"你这样做生意是不可能得到发展的。你为什么在孩子来买灯泡时,不向他推销电器用品呢?"井植薰忍不住问了老板这句话。

"我不是卖了吗?连钱也收了呀!"老板有点不服气地说,"部长先生,要是你的话,会怎么卖?能不能讲给我听听?"

"失礼了。要是我就这么办。"井植薰对老板说,"在小孩来店说'叔叔,买个灯泡'时,如果我不认识这个孩子,我就和他交谈起来,问他的家住在什么地方,家里有些什么人,并说上几句客套话:小朋友,上几年级了,长得可真高啊!如果孩子面露喜色,我就进一步问他爸爸干什么职业,有几个兄弟姐妹。也许由此可以得知,他有个姐姐从学校毕业后在银行里工作。

"在这种拉家常中,我把灯泡卖给了他。等孩子走了以后,我换上衣服,到他家去访问。

"见到孩子的妈妈,我就说:'鄙店是某某电器商店。太太,刚才令郎到鄙店买了个灯泡,不知好使不好使?'回答当然是好使,由此便引出了话头。'听令郎说,你家有位小姐正当妙龄。我们在客户送货时,曾有人家托我们打听哪儿有品貌双全的小姐。

163

【精细化管理】

不知令爱是否许了人家？'这话决不会使有女儿的父母产生反感，只会感到高兴。"

"她一定会说：'噢，还没有。掌柜的，要是有合适的人家，请多美言几句。'"

"明白了，我留意打听打听。鄙店有洗衣机、彩电、电冰箱等种类齐全、质量上乘的家用电器，希望令爱出阁时，能在鄙店买电器。"

这样，虽说不会马上成交，至少我利用小孩子来买灯泡的机会，向这家大人进行了推销，他们就可能会成为本店潜在的顾客。

"你讲得太妙了！"零售店老板从迷茫中醒悟过来说，"做生意还能做得这样生动活泼，以后我也这样试试看。"

井植薰认为，要把每一个顾客当作机会，发掘其背后的市场潜力和商机。采用这种方式，就可以想出许多办法来，让本来无意买东西的人也产生购买商品的欲望，从而源源不断地购买自己的商品，唯此才可称得上真正的销售。

同样是做零售，井植薰的做法应该说会给很多人以启迪，他与早年以卖米为业的王永庆增加送货上门的服务内容并记下每户人家米缸的容量有异曲同工之妙。沃尔玛总裁山姆·沃尔顿也说：**如果我不知道每一笔货物最终到了哪里，那就不叫做零售。**

搞零售，简单得不能再简单的事，但我们有谁敢拍着胸脯说做到位了呢？在20世纪80年代，我们很多人恐怕想都不敢想：经营零售业的公司居然能将营业额做到全球第一？但以重视细节闻名的沃尔玛就做到了。

简单吗？是很简单，但并不容易。

中国曾有"靡不有初，鲜克有终"的古训，意即善始者众，而能够善终者少；很多人都能够开始，但很少有人能够坚持到最后。张瑞敏对此有着深刻的认识。他说："如果训练一个日本人，让他每天擦六遍桌子，他一定会这样做；而一个中国人开始会擦六遍，慢慢觉得五遍、四遍也可以，最后索性不擦了！"他的观察一针见血，指出了中国人做事的最大毛病是不认真，做事不到位，每天工作欠缺一点，积弊病日久就生下落后的病根。

杰克·韦尔奇说："一旦你产生了一个简单的坚定的想法，只要你不停地重复它，终会使之变成现实。提炼、坚持、重复——这就是你成功的法宝。持之以恒最终会达到临界值。"

要把重视细节、将小事做细培养成一种习惯。通过长期积累，自然会使你在所做的工作中有大的提高。如果只图一时，而不顾长远，自然起不到这样的效果。就像毛泽东所说的："一个人做点好事并不难，难的是一辈子做好事。"不在一时，而在一世，在每一个细节上把事情做好是相当难的。

所以，成功是一个日积月累、持续不断的过程，任何希图侥幸、立时有成的想法都注定要失败的。中华武术中的"功夫"，就是基本动作天天练，本身就有日积月累的含义。

很多时候，可以说，伟大的奇迹源于平凡的克制与近乎无聊的坚守。我们知道，海尔发明的一套OEC管理办法，其含义其实很简单，就是全方位地对每个人每一天所做的每件事进行控制和清理，做到"日事日毕，日清日高"，每天的工作每天完成，而且每天的工作质量都有一点儿（1%）的提高。曾有很多企业前去取经，想把海尔的经验在本企业复制，但实施了不长时间之后，感到无法坚持，又回到了从前的状态中去了。在被问及何以失败时，大多数都说：太难了，根本无法坚持下去。表面上看起来，海尔

精细化管理

的管理理念并没有什么先进的，一些管理经验在很多管理书都可以找到，但很多企业只不过在理论上学一学，然后就把规章制度挂在墙上，因为畏其难而根本没有坚持下去。而海尔则把这些东西运用到实际的管理中去，并坚持下来了，这就是成功的秘密所在。

所以，善始善终、坚持到底，是我们精细化管理的一项基本要求。

作为员工，要想获得职业生涯的发展，就要在工作中磨炼自己，把工作中的困难、压力乃至打击当作磨刀石，当作前进的助推器。作为职业人，职业水平的提升训练可以完成，但职业感悟的产生和职业密码的输入却要靠磨炼。在军队的训练中教官常常会提出许多不合理的要求，比如三分钟就要洗完澡，洗完头，穿好衣物，带好装备。刚刚进入军队的人都会不可理解，也难以接受，但经过长期训练的人，最后都能成为训练有素的军人，让人们能够强烈地感受到他们良好的职业素质。培根说：生活的苦难是人一生的财富，而工作中的磨炼则是职业生涯进步的基石，是一个职业人的财富，是收益，是机会。

> 万科第二个十年通过专业化获得了成功，但光有专业化还不够，今后的十年将致力于精细化。
> ——万科集团前董事长　王石

附 录

附录 1

细节管理培训 10 项 60 条

(精细化管理)

大类	序号	项目	完成时间	责任人	要求
课堂布置	1	背景喷绘			按范本要求
	2	条幅			按范本要求
	3	展示架（X架）			按范本要求
	4	招贴画			按范本要求
	5	门票			按范本要求
	6	售书台			按范本要求
	7	单张彩页			按范本要求 2 选 1
	8	指示牌			
设备仪器	9	教室要求			
	10	讲台要求			
	11	音响设备			话筒、胸麦
	12	投影仪			
	13	笔记本电脑			
	14	CD、VCD、幻灯片			
学员服务	15	学员培训资料			
	16	案例或游戏资料			
	17	胸卡			
	18	会议须知、时间表			
	19	饮用水、课间点心			
	20	贵宾用餐			
	21	学员提问便条			
	22	课程反馈意见			
讲师服务	23	住宿			有洗衣服务、距课室步行 10 分钟内
	24	午休			
	25	饮用水、课间点心			热
	26	签名笔			
课前准备	27	课型通报（内训课、公开课）			制成表格
	28	学员构成通报			
	29	日程安排			

续表

大类	序号	项　　目	完成时间	责任人	要　　求
讲师介绍	30	书面介绍			标准版
	31	口头介绍			标准要点
	32	音像介绍			包括各地电台采访节目集成版＋讲师讲课录像剪辑
	33	讲师幻灯介绍			标准版
程序步骤	34	学员入场			配专用音乐、投影放映培训公司简介及会场须知
	35	主持人入场			开场白（介绍）
	36	资料片播放			用各地采访片剪
	37	讲师开讲			
	38	中场休息			配乐幻灯及签名售书
	39	结束			合影
学员培训资料目录	40	培训公司介绍			以幻灯片方式
	41	课程简介			要点提纲
	42	时间表			标准表格
	43	课程纪律			
	44	讲师介绍			标准版
	45	讲义内容			word 文版
	46	案例资料			单独复印每人一份
	47	游戏资料			单独复印每人一份
	48	提问单			骑缝可裁
	49	意见反馈单			课后收集汇总
	50	课程预告			
课后跟踪服务	51	学员意见反馈表统计			通报讲师本人
	52	学员提问收集整理			整理成 word 文档
	53	经允许的录音、摄影、录像制品的复制、收集、反馈给讲师			
	54	媒体报道资料收集			
	55	客户回访意见整理			
	56	课程组织考核测评			
其他要求	57	先交税再上课			
	58	未经许可不得录像、录音			
	59	未经许可不得拷贝除课本以外的资料			
	60	提供当地地图和明信片一张			

附录 2

区域市场年度运营计划提纲

一、2003 年度总结（略）

1. 销售额及任务完成情况

2. 渠道网络建设

3. 人才培养

4. 困难

5. 对公司的意见及建议

二、竞争环境与机会分析

1. 区域市场基本情况

2. 主要竞争品牌情况

3. ××（我们的产品）的优劣势

4. 2004 年的机会及风险

三、目标及目标分解

1. 2004 年销售额及增长目标

2. 销售目标的分解：网络分销（同城分销、异地分销）、家装公司分销、零售、家具厂、工程、其他

3. 销售目标的月度分解

月份	1	2	3	4	5	6	7	8	9	10	11	12	合计
销售额（万元）													
回笼额（万元）													

4. 品牌建设目标（如品牌在本市场的排名等）

5. 渠道建设目标

渠道建设目标	预计全年销售额（万元）
新增空白城市分销商：	
新增同城分销商：	
新增家具厂：	
新增其他类渠道：	
合计新增渠道销售额：	
其他说明：	

四、营销策略组合

1. 针对不同渠道的产品主推及组合（细分到产品品种、包装规格）

2. 价格政策调整

3. 渠道分销政策调整

4. 区域广告促销安排

五、实现目标的保障措施

1. 组织人员保障措施：部门设置、人员设置、制度建设、员工激励

2. 投入保障：计划投入额、投入项目安排

3. 风险防范：完成目标的主要风险因素、应急措施

4. 需要公司的支持部分：要求资金投入额及冲销方式；要求人员扶持计划及费用解决方式；具体的支持到位时间

六、计划的执行安排

1. 2004年全年分阶段任务安排：时间、内容、目标

2. 重点项目推进安排表

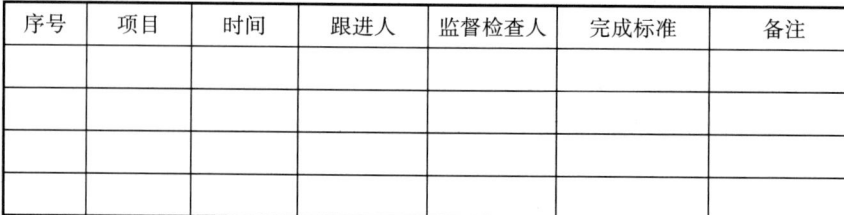

序号	项目	时间	跟进人	监督检查人	完成标准	备注

七、其他补充

说明：此提纲以涂料企业为对象。

附录 3

关于统一文件格式标准的通知

鉴于目前公司构架的调整,原来的内部文件格式、发放及管理不能满足现在的机构运作,公司决定对现在的文件格式制定新的标准,请各中心、各部门认真执行。

1. 所有发到本中心以外的文件必须经过文控中心登记并给出编号,文件原件留底于文控中心

2. 文件必须注明日期并有编制部门经理或中心总经理的签名。日期统一用 6 位数表示。例:"04.03.08"表示 2004 年 3 月 8 日

3. 文件必须统一字体、字号(如下表所示)

序号	位置	文字内容	字号和字体
01	表头正中	企业名称	二号宋
02	第一行第一列	总标题	小二号宋体加黑
03	第一行第二至五列	抄报部门、文件编号等	五号宋体
04	正文第一行	发至部门	四号宋体
05	正文第二行起	正文内容	小四号宋体

注:正文内容须采用单倍距离排列。正文第二页起不必重复套用,引正文部分格式

4. 机密文件必须通过文控中心注明密级

5. 内部传阅或初稿可以用单面作废的纸张打印,作废的一面须及时打"×"或以"作废"字样明示。但盖有公章原件和以财务、营销数据为主体内容的废纸必须销毁,不得重复使用

6. 所有向上级递交的其他各类材料、报告、报表,无论何人起草均由提交部门负责人确认无误并签名上交,以示负责

7. 文件编号组成及说明

XX/XX－XXX

→ 文件顺序号：依次为001，002，003……

文件分类号：前面英文字母，代表部门代号；后2位为文件分类号码

7.1 中心或部门代码（一级）

部门	代码	部门	代码	部门	代码
公司总经理	MD	制造中心	MC	家具漆销售中心	SC
技术中心	TC	营销中心	CC	文控中心	FC
北京分公司	MK				

7.2 各中心机构代码（二级）

7.2.1 制造中心

部门	代码	部门	代码	部门	代码
总经理	MC	生产部	PR	供应部	PU
财务部	AC	行政部	AD		

7.2.2 技术中心

部门	代码	部门	代码	部门	代码
总工	TC	技术部	RD	质检部	QC

7.2.3 营销中心

部门	代码	部门	代码	部门	代码
总经理	CC	开发部	CTD	企划部	CEP
渠道部	CPD	客户服务部	CCS		
培训部	CBD	商务部	CCD		

7.2.4 家具漆销售中心

部门	代码	部门	代码	部门	代码
总经理	SC	内务部	SIJ	市场开发部	STD
服务部	SCS				

7.2.5 北京分公司

部门	代码	部门	代码	部门	代码
总经理	MK	策划部	MEP	财务部	MAC
服务部	MCS	内务部	MIJ		

7.2.6 机构统一名称

7.2.6.1 "各中心（公司）"是指制造中心、营销中心、家具漆销售中心、技术中心、北京分公司

7.2.6.2 "各核算中心（公司）"是指制造中心、营销中心、家具漆销售中心、北京分公司

7.2.6.3 "各部门"是指发文机构的下属部门。只有总公司或行政部文件在对全厂进行办公日常管理、企业文化生活等使用各部门才指全厂所有部门，如技术中心文件中的"各部门"称谓，只指技术部和质检部

7.2.6.4 同一中心部门之间发文，由发文部门部长签发确认即可；跨中心的发文，须遵循本《通知》第1条；跨中心的联络函等不宜以文件方式（如"通知""报告"等），但亦须经其中心负责人签名确认才能发至其他中心（部门），否则收文中心（部门）有权拒收

7.3 文件分类

文种	代码	文种	代码	文种	代码
通知、通告	01	制度	04	报告	07
任免	02	请示、申请	05	会议纪要	08
程序	03	表彰、奖励	06	联络函	09

例：本文件编号为：MD/01-001 表示本"通知"是由总经理发出的第一份"通知"。如果是营销中心企划部向总公司总经理的第一次请示，则为文件编号为 CEP/05-001，编制部门为 EP，签发为营销中心负责人

7.4 不同类型文件的使用范围

7.4.1 通知与通告：通知是指只在一定范围内，对某事情的公开；通告是指在大范围内，在对某类重大事情的公布或披露，更强调是事情的结果和影响，严肃性比通知要强烈。如：关于××日放假的通知、关于对安全大检查结果的通告

7.4.2 请示（申请）与报告：请示（申请）是指下级对上级的提出请求（要求），并要求上级予以答复（回复）；报告是下级对上级的对于某件事情的汇报，与请示最大的区别是不要求答复（回复）。如对某一项目请公司领导决定时，当事人应用"请示"对公司领导提出，公司领导作指示意见后，回复当事人

8. 本通知等同于工作指令，即日执行

附录 4

细节管理系统导入步骤

DMS（细节管理系统）虽然仍属于不太成熟的学科体系，但针对目前中国企业的管理现状，恰恰是最为迫切需要的管理理念和方法，企业完全可以在数据化原则、操作性原则、底线原则、交点原则（DMS 的四大原则）的指导下从几个方面提升管理水平，如战略、决策、计划、执行、考核、反馈等。具体的 DMS 导入可以分 7 个阶段展开具体如下。

1. 理念宣传

通过全面细致的宣传讲解，使全厂员工特别是管理人员深入了解 DMS 的意义、目的、任务、手段，除了面上的培训，还具体涉及以下几种宣传方法：目录法、清单法、推演法、案例法、情景法、工具法，直至达到预定的效果。

2. 管理诊断

管理诊断的常规方式有 5 种：问卷调查、个别访谈、客户访问、调阅资料及专题座谈。DMS 导入的管理诊断过程除此之外还有所增加，简单描述为：一个提案、两个解剖、三种会议。

一个提案：用提案的方式指出企业管理的问题点（制造型企业一般 300 点以上），这种问题点不仅仅是大的系统方面的，更多的是管理执行环节中的，问题点的提出是下一阶段对此整改和达标的基础。

两个解剖：主要是针对规则（流程和制度）的系统性和执行的实效性展开的自检、讨论、分析，明确重要性，理解强制性。

三种会议：以高层交流、中层座谈、基层动员的不同会议方式展开针对管理诊断的讨论，使分析更透彻、描述更全面。

3. 规划整改

针对管理诊断提出的问题进行整改、规划，提出基于全厂的 DMS 规划案，包括 6 大系统、300 余关键控制点在内的 DMS 导入的标准体系。需要强调以下两个方面。

一是：规划是基于实效的规划，不是套用。不适合于企业、不具有可操作性的规则及其实施的规划，都是不可行的。

二是：整改是基于执行的整改，对照 DMS 的标准系统，在 300 余个关键控制点上的整改操作，绝不是走过场。

4. 示范深化

选取关键点抓透做细、作示范，带动面上观念的改变。试图以看得见、摸得着的模范效应来消除员工对 DMS 推行的质疑，变应付为主动、变肤浅为深化，打一场真正意义上的群众战役。

5. 训练强化

认识的深化需要训练的强化，良好的规则执行习惯首先来自强制性的训练。在形成和完善训练大纲及岗位标准执行手册的基础上，通过不少于 24 堂次的训练课程，达到员工对规则自觉执行的目的。

6. 验收测评

本阶段主要是对照之前提交的DMS标准进行的全面达标验收。可以通过内部测评、企业高管层抽查，也可以通过专家和第三方做系统评估。方法不一样，但标准只有一个，那就是DMS系统在企业管理上的全面贯彻执行。

此阶段将根据具体情况对不达标、不到位部分进行修订、补充。

7. 联程跟踪

联程跟踪是我们为企业提供的"售后服务"阶段，其中又分为两部分：一是保质跟进期两个月，密切关注企业DMS的执行情况，随时到现场提供指导；二是保护跟进期一年，期间接受书面咨询、参加重要管理会议等。

以上所有项目均严格按双方认可的《工作进度表》执行，不差不漏，做精做细，原因只有一个：我们本身就是做细节管理研究的，那就先从自己为客户提供的服务中率先做到。

以上7步，可以简单地用表格的方式归纳如下。

序号	步骤	主要任务	时长	备注
1	理念宣传	使全员特别是管理人员深入了解DMS的意义、目的、任务、手段	4周	不搞运动不流于一般意义上的全员动员
2	管理诊断	一个提案、两个解剖、三种会议	5周	
3	规划整改	提出基于全厂的DMS规划案，包括6大系统、300余关键控制点在内的DMS导入的标准体系	5周	详细内容参考第三部分

续表

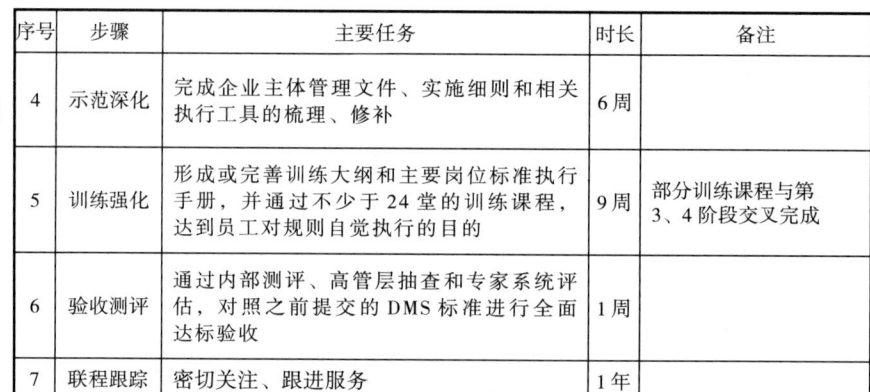

序号	步骤	主要任务	时长	备注
4	示范深化	完成企业主体管理文件、实施细则和相关执行工具的梳理、修补	6周	
5	训练强化	形成或完善训练大纲和主要岗位标准执行手册,并通过不少于24堂的训练课程,达到员工对规则自觉执行的目的	9周	部分训练课程与第3、4阶段交叉完成
6	验收测评	通过内部测评、高管层抽查和专家系统评估,对照之前提交的DMS标准进行全面达标验收	1周	
7	联程跟踪	密切关注、跟进服务	1年	

附录 5

甘特图程序调用

MICROSOFT VISIO

▼显示示例

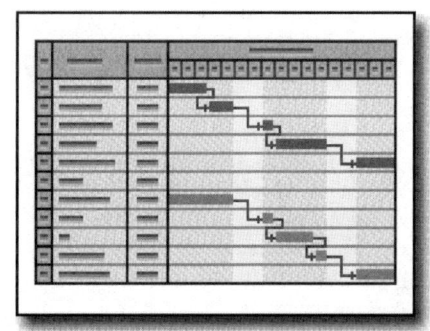

在"文件"菜单上,依次指向"新建""项目日程",然后单击"甘特图"。

在"日期"选项卡上,键入要开始的任务数、要显示的时间单位以及项目的日期范围。

▼提示

您还可以单击"格式"选项卡,然后选择一些选项用来定义任务栏、里程碑和摘要栏的外观。

您随时可以更改格式选项。在"甘特图"菜单上,单击"选项",然后单击"格式"选项卡。

用与项目有关的任务名称替换默认的任务名称,并替换任务开始日期、完成日期和持续时间。

精细化管理

替换任务名称

在甘特图中的"任务名称"下,单击含有须重命名的任务的单元格,然后键入新名称。

替换任务日期

在甘特图中,单击含有要更改的日期的单元格,然后键入新日期。

注释:不能编辑摘要任务的日期。只有更改了摘要任务下缩进显示的一个或多个任务的日期后,摘要任务的日期才会改变。

▼提示

您还可以更改开始日期,方法是拖动任务栏,使其左端与时间刻度上的新日期对齐。

替换任务连续时

在甘特图中,单击含有要更改的持续时间的单元格,然后键入新的持续时间。请使用下列缩写:m 表示分钟,h 表示小时,d 表示天,而 w 表示周。

注释:不要在数字和缩写之间加空格。例如,要表示 5 天的持续时间,请键入 5d。

▼提示

您还可以使用以下方法更改持续时间:选择任务栏,然后拖动任务栏右端的选择手柄,直到它与时间刻度上的新结束日期对齐。

向甘特图中添加更多的任务

▼操作方法

通过单击围绕甘特图的实线来选择项目框架。

向下拖动框架底部中央的选择手柄,将创建新的任务行来填充该空间。

单击一个新任务的"任务名称"单元格，然后键入任务名称。

▼提示

通过在甘特图框架中拖动任务行，可以重新对甘特图中的任务排序。

向甘特图中添加里程碑

▼操作方法

从"甘特图形状"中，将"里程碑"形状拖到绘图页上，放在您希望其出现的两个任务之间。

注释：向甘特图添加"里程碑"形状的同时，还会自动添加了一个持续时间为0（零）的任务行。

键入里程碑的名称和日期。

▼提示

将任务的持续时间设置为0可以将其变换为里程碑。同样，将里程碑的持续时间设置为正数可以将其变换为任务。

在甘特图中创建任务之间的依赖关系。

▼操作方法

首先，通过单击选取要链接的任务栏或里程碑，然后按住Shift键，同时单击选择依赖的任务或里程碑。

右击其中的一个形状，然后单击"链接任务"。

▼提示

您也可以通过以下方式设置依赖关系。

选择两个任务栏（或任务单元格），然后单击"甘特图"工具栏上的"链接任务"按钮。

选择两个任务栏（或任务单元格），然后在"甘特图"菜单上单击"链接任务"

拖动一个任务栏右端的控制手柄，并将其黏附到后面的任务栏左端的连接点上。

将"链接线"形状拖到绘图页上，并将其端点黏附到两个任务栏上的连接点。

精细化管理

附录6

保本点销量程序

Microsoft EXCEL

	A	B	C	D	E
1	固定成本	可变成本	价格	保本点销量	
2					
3					
4					
5					

单元格 A2、B2、C2 中分别输入固定成本、可变成本、价格，D2 中按以下各式输入公式："=A2/(C2-B2)"，即可以得到保本点销量数值。

市场波动周期的加权平均数体系计算程序、各月份的最低销量计算程序。

ZZ	A	B	C	D	E	F	G	H	I	J	K	L
1	前年月均销量		全年固定成本		产品价格		可变成本					
2												
3	1月	2月	3月	4月	5月	6月	7月	8月	9月	10月	11月	12月
4												
5												
6												
7												
8												
9												

在 A4、B4、C4……L4 单元格中输入前一年各月份的销量,在 B2 中输入"=SUM(A4:L4)/12",在 A5 中输入"=A4/(B1)",在 A6 中输入"=A5*D1/(12*(F1-H1))",拉动 A5 和 A6 的填充柄,让 A5、A6 的内容填充到 B5……L5 和 B6……L6 单元格中去,就得到了加权数体系,最低销量控制体系。

后　　记

　　最难掌握的规则是"度"。没有哪一种管理理论是所谓完善的、全面的、放之四海而皆准的。

　　管理是极为复杂的。人就复杂得几近难测，社会则更为复杂；那么，协调人与社会、融合人力与物力资源的管理，当然更是十分复杂。规则的管理之外，一定还有人为的管理；定量的管理之外，也不可能没有定性的管理；硬性的管理之外，自然也存在软性的管理；人与事的静态与动态又是相对的，变与不变又是一体两面的，规律未必全在掌握中。

　　美国南北战争时期，有一位临阵脱逃的士兵名叫罗斯韦尔·麦金太尔，将被军事法庭判处死刑，林肯亲自写信要求宽恕他，并为此说过一句著名的话："我认为，把一个年轻人枪毙，对他本人绝对没有好处。"战争中对临阵脱逃的士兵严惩，这是规则，是刚性的；但林肯给予特别宽恕，这是艺术，是柔性的。

　　还有，在制造系统中，时间、质量和成本是三个不同的优化目标，很难同时优化。质量改善，则成本大多会提高；周期缩短，则往往在成本提高同时质量下降。时间、质量和成本构成了一个"神秘三角"。汽车窗户的玻璃密封好，飞驰时的噪声小，但玻璃密封好又容易使车门难以关上。

　　著名的霍尼韦尔公司，产品的交货期不是以天数计算，而是以小时来计算。如一批货物所有的成品在两点钟前到达公司的成

品库，三点钟装上卡车，四点钟到达海关报税仓库，五点钟飞往欧洲，第二天产品就能及时地直接出现在经销者所在地的市场上。但就这样霍尼韦尔也不能说在全球管理界就堪称第一了。

2001年，日本NEC公司的会长佐佐木先生到北京华虹NEC集成电路设计公司参观时，惊叹于该公司使用的成本管理系统（PC-MS）管理之精细，把公司员工的工时单位由通常的每天8小时分解成了15分钟。但就这样北京华虹也未必在国内企业界家喻户晓。

上坡的路和下坡的路，其实是同一条路。能看到不足，就有理由相信自己能做好。我们希望本书能引起管理者的思考——努力克服长期以来的粗放经营，由此走向精细化管理；不能只是向市场抢利润，还要从管理争效益。

同时，我们还要指出，学习和讨论不能断章取义，不能未知云便言雨。就像早期学习零库存管理一样，零库存不是库存为零，而是接近于零，即减少多余的库存。就像去年讨论《细节决定成败》一样，细节能够决定成败，并非唯有细节才能决定成败，战略、科技、人才之重要自不待言，却偏要争"战略决定成败"，甚至也不浏览一眼书中的"战略：从细节中来，到细节中去"。

沟通是管理之基，宽容为处世之本。我们仍然真诚希望有识之士的批评，即使争议也属正常。同志们，走到一起来，讨论学术，研究实践，总结经验，提升管理。

汪中求
2005年5月10日凌晨于北京

参考文献

序号	书名	作/编者	译者	版别	出版时间
1	《大功成于精细——精细化营销的创新主张》	孔繁任、温德诚 著		《销售与市场》杂志	2003年第9期
2	《中国营销从粗放到精细的十大转变》	孔繁任、温德诚 著		《销售与市场》杂志	2003年第10期
3	《适合的,才是有效的——精细化营销的创新主张》	孔繁任、温德诚 著		《销售与市场》杂志	2003年第11期
4	《精益企业——企业精益化之道》	(美)布鲁斯·A·汉德生、(美)乔格·L·拉科 著	孙强毅等译	上海科学技术文献出版社	2000年9月
5	《丰田汽车案例——精益制造的14项管理原则》	(美)杰弗里·莱克 著	李芳龄译	中国财政经济出版社	2004年11月
6	《数据挖掘——客户关系管理的科学与艺术》	(美)迈克尔·J·A·贝里、(美)戈登·S·利诺夫 著	袁卫 等译	中国财政经济出版社	2004年1月
7	《什么是精益六西格玛》	(美)迈克·乔治、(美)戴夫·罗兰兹、(美)比尔·卡斯特勒 著	郭锐、赵海峰译	电子工业出版社	2004年6月
8	《生产运营与供应链管理——精益方法》	(英)戴维·泰勒、(英)戴维·布拉特 著	丁立言等译	清华大学出版社	2004年3月
9	《超越精益思想》	(美)迈克尔·库斯玛诺、(日)延冈健太郎 著	高文海 译	商务印书馆	2004年10月
10	《精益思想:消灭浪费,创造财富》	(美)詹姆斯·P·沃麦克、(英)丹尼尔·T·琼斯 著	沈希瑾 等译	商务印书馆	2002年5月
11	《周易评注》	唐明邦 主编		中华书局	1995年
12	《老子译注》	老子	崔仲平、崔为注 译	吉林文史出版社	1996年
13	《企业评价创新——集成化供应链绩效及其评价》	霍佳震 著		河北人民出版社	2001年

续表

精细化管理

序号	书名	作/编者	译者	版别	出版时间
14	《细节决定成败》	汪中求 著		新华出版社	2004年
15	《营销人的自我营销》	汪中求 著		新华出版社	2003年
16	《大企业，小故事》	白马 编著		中华工商联合出版社	2004年
17	《工商管理经典译丛·管理学》（第四版）	（美）斯蒂芬·P·罗宾斯 著		中国人民大学出版社	1997年
18	《经济信息绿皮书·2005年：中国与世界经济发展报告》	王长胜 主编		社会科学文献出版社	2004年
19	《技术创新经济分析》	（加）德布雷森 著	王忆译	辽宁人民出版社	1998年
20	《宏观经济学》（第十六版）	（美）保罗·萨缪尔森、（美）威廉·诺德豪斯 著	萧琛等译	华夏出版社	1999年
21	《装饰材料业·营销管理大全》	汪光武、冯侠圣 著		广东经济出版社	2003年
22	《精确管理与激情领导》	（美）罗伊G·威廉姆斯、（美）特里E·迪尔 著	廖运刚、冯海燕译	机械工业出版社	2005年
23	《5R营销管理系统操作指引与实战范本》	冯侠圣、汪光武 著		广东经济出版社	2004年
24	《中国消费模式研究》	尹世杰 主编		中国商业出版社	1993年
25	《市场研究——基本方法、应用与案例》	田志龙 著		华中理工大学出版社	1993年
26	《市场调查学》	黄国雄 编著		中国商业出版社	1991年
27	《现代营销学》	苏亚民 主编		对外贸易教育出版社	1991年
28	《国际市场经营学》	（美）菲利普·凯特奥拉 著	李宗慧等译	华夏出版社	1989年
29	《组织行为学》	（美）斯蒂芬·P·罗宾斯 著		中国人民大学出版社	2002年

续表

序号	书　名	作/编者	译者	版　别	出版时间
30	《绩效考核与绩效管理》	付亚和、许玉林 编著		电子工业出版社	2003年
31	《企业行动纲领》	（美）迈克尔·哈默 著		中信出版社	2002年
32	《竞争战略》	（美）迈克尔·波特 著	陈小悦 译	华夏出版社	2002年
33	《管理思想百年脉络》	方振邦 编著		中国商业出版社	2003年
34	《本土化执行力模式》	周永亮 著		中国发展出版社	2004年
35	《赢在执行》	余世维 著		国际文化出版公司	2004年
36	《海尔中国造》	颜建军 胡泳 著		海南出版社 三环出版社	2001年3月
37	《海尔背后》	冯帼英、朱海松 著		广东经济出版社	2004年
38	《大败局》	吴晓波 著		浙江人民出版社	2001年1月
39	《戴明管理4日谈》	（美）威廉·拉扎克、（美）大卫·桑德斯 著	周静、董建宁 译	中国商业出版社	2003年12月
40	《执行——如何完成任务的学问》	（美）拉里·博西迪、（美）拉姆·查兰 著	刘祥亚 译	机械工业出版社	2003年1月
41	《观念第一》	（美）安德列娅·加博尔 著	齐若兰 译	海南出版社 三环出版社	2004年

汪中求老师
十大培训课程

一、精细化管理

二、集团管控

三、管理设计与执行

四、管理文化与文化管理

五、解放管理者

六、数据化决策

七、企业风险防控

八、管理回归常识

九、工业品营销的章法

十、契约精神

课程咨询电话及微信
王老师
010-68487630
13466691261(同微信)

吴宏彪老师
十大培训课程

一、精细化管理

二、医院精细化管理

三、政府精细化管理

四、银行精细化管理

五、银行大客户开发与管理

六、银行客户心理营销

七、商业银行关键客户管理

八、团队执行力提升

九、向军队学管理

十、政府高效执行力

课程咨询电话及微信
王老师
010-68487630
13466691261(同微信)